SELBSTDISZIPLIN

DIE KUNST DER SELBSTBEHERRSCHUNG

Wie Sie enorme Willenskraft und Motivation entwickeln, Ihr Potenzial voll ausschöpfen und Ihre negativen Gewohnheiten ein für alle Mal loswerden

INHALT

Selbstdisziplin, was steckt dahinter?

„Die Herrschaft über den Augenblick ist die Herrschaft über das Leben." Bereits vor über hundert Jahren brachte die österreichische Erzählerin Marie Freifrau von Ebner-Eschenbach den Kern der Selbstdisziplin so knackig auf den Punkt. In diesem Fall meint „den Augenblick beherrschen", sich selbst beherrschen, und zwar in jedem Augenblick. Das ist es, was wir unter Selbstdisziplin verstehen. Es ist ein schwer beladener Begriff, mit dem wir uns hier befassen. Er atmet Askese und Unbarmherzigkeit, geht einher mit scheinbar fixen Eigenschaften wie Durchhaltevermögen und Willenskraft.

Ich assoziiere damit das verhärmte Gesicht einer schwarz gekleideten Gouvernante namens Fräulein Rottenmeier aus dem berühmten Roman „Heidi" von Johanna Spyri und außerdem das Militär alter Schule, ja und Schule, vor allem Schule. Das ist im Übrigen nicht so weit hergeholt, denn der Wortstamm von Disziplin ist das lateinische „disciplina" und bedeutet so viel wie „Wissenschaft, schulische Zucht". Gleichzeitig erfüllen uns Menschen, die scheinbar mit Leichtigkeit diszipliniert ihr Leben meistern, mit Bewunderung, wenn nicht sogar mit Neid.

Eine schwierige Diskrepanz besteht da zwischen chaotisch sympathischem Lotterleben und kühler preußisch korrekter Strenge. Wie bekommen wir die zwei Pole unter einen Hut? Zeigen diese ersten Gedanken etwa ein veraltetes, falsches Bild? Ist es nur eine oberflächliche Maske? Lassen Sie uns einen Blick dahinter wagen und die Selbstdisziplin als Freundin und Verbündete gewinnen. Vielleicht ist sie ja eine Scheinriesin, die bei näherer Betrachtung an Bedrohlichkeit verliert. Mit wem haben wir es eigentlich zu tun? Welchen Wissenschaftsbereichen müssen wir uns hier zuwenden? Fragen wir einmal eine Definition aus Sicht der Psychologie ab:

„Selbstdisziplin (...) ist eine Selbststeuerungskompetenz, die eine konsequente Zielverfolgung unterstützt, wenn diese durch konkurrierende Ziele oder andere Bedürfnisse gefährdet erscheint. Eine einmal gefasste Absicht (z. B. für eine Prüfung zu lernen) wird gegen konkurrierende Absichten (z. B. Sport zu treiben), emotionale Präferenzen (z. B. mit Freunden zu treffen) und Gewohnheiten (z. B. abends fernzusehen) durchgedrückt, indem Personen sich selbst unter Druck setzen, sich zusammenreißen und zwingen, bei der Sache zu bleiben (oft, indem der Selbstzugang unterdrückt wird). Selbstdisziplin ist effizient, aber auch anstrengend und erschöpfend. Ihr chronischer Einsatz kann dazu führen, dass andere wichtige Ziele und Bedürfnisse zu kurz kommen.".

(Handbuch der Persönlichkeitspsychologie und Differentiellen Psychologie von Baumann, N. + J. Kuhl, 2005 im Buch, herausgegeben von H. Weber + T. Rammsayer)

Da steckt so einiges drin, was wir unter die Lupe nehmen müssen. Was ist Selbststeuerungskompetenz, ist sie angeboren oder kann man sie lernen? Und welche Bedürfnisse können zu kurz kommen? Wie vermeide ich es, meinen Selbstzugang zu unterdrücken, und was ist das überhaupt? Wir müssen uns der Sache Schritt für Schritt nähern. Fassen Sie den Mut, zunächst einige kleine Umwege über Wissenswertes rund um das Thema als solches zu nehmen, bevor Sie sich dann selbst überprüfen können. Nichts ist so hilfreich und erfrischend, wie den eigenen Blickwinkel zu hinterfragen, eine neue Sicht auszuprobieren und so vielleicht eine neue Perspektive zu gewinnen. Goethe ahnte es bereits: „Man sieht nur, was man weiß.". Heutzutage spricht man neudeutsch vom „frame", englisch für „Rahmen", der den eigenen Horizont begrenzt, oder von der eigenen Blase, aus der man heraustreten muss.

Kaum eine Abhandlung über Selbstdisziplin kommt ohne den sogenannten Marshmallow-Test aus, ein markiges Experiment, das der

Psychologe Walter Michel in den 1960er Jahren zum Thema Impulskontrolle und Belohnungsaufschub durchführte. Er stellte vierjährige Kinder vor die Wahl: Entweder sie durften sofort eine einzelne Süßigkeit vernaschen oder gleich zwei Stück, dies aber nur unter der Voraussetzung, dass sie einige Minuten warteten, ohne das erste Marshmallow zu essen. Bei den gleichen Kindern untersuchte er nach mehreren Jahren dann ihren schulischen Erfolg, die Frustrationstoleranz und ihre Stressresistenz. Er konnte nachweisen, dass im Schnitt auch im späteren Leben die Kinder vermeintlich erfolgreicher waren, die bereits mit vier Jahren während des Experiments mit den Süßigkeiten die Geduld aufgebracht hatten, auf das zweite Marshmallow zu warten.

Die Herausforderung für die Teilnehmenden und gleichzeitig die Bewertung der Ergebnisse scheinen nur allzu schlüssig. Wir ertappen uns sofort dabei, die Kinder, die der Versuchung nicht widerstehen konnten, als schwach und triebhaft zu verurteilen, aber woher kommt der erschreckend augenscheinliche Zusammenhang auch nach so langer Zeit? Oder andersherum gefragt: Woher kommt die frühzeitige Veranlagung? Wird sie einem tatsächlich in die Wiege gelegt? Und sind dann die ungeduldigen Kleinkinder hoffnungslose Fälle? Wir müssen tiefer graben. Die Antworten werden hoffentlich unseren Blick auf das Thema Selbstdisziplin und zwangsläufig auf unser Inneres etwas mildern. Möglicherweise werden wir lernen, uns auch einmal zufriedenzugeben, anstatt stets nach Perfektion zu streben. Vielleicht können wir lernen, besser zu erkennen, an welcher Stelle wir streng mit uns selbst sein sollten und an welcher ein befreiendes Lachen die bessere Entscheidung ist.

Es gilt, eine Balance zu finden zwischen Selbstkasteiung und Anarchie. Dafür braucht es mehr als ein schnittiges Coaching, nämlich liebevolle Aufmerksamkeit und Ehrlichkeit uns selbst gegenüber. Vielleicht könnten wir eine nachhaltige, achtsame Selbstdisziplin definieren, und diese nennen wir dann „slow discipline“, in Anlehnung an den Begriff „Slow Food“, die moderne Bezeichnung für eine neue Art, langsam, bewusst und genussvoll zu essen.

AUS GESELLSCHAFTLICHER SICHT

Nehmen wir uns zunächst den Begriff „Selbststeuerungskompetenz" vor, auch Selbstregulation genannt. Die Fragestellung dahinter lautet: Inwieweit bin ich fähig, meine Impulse zu kontrollieren? Das heißt: Reagiere ich sofort und reflexhaft auf einen Anreiz, auf eine Eingebung, ohne mir meiner Gefühle bewusst zu sein und darüber nachzudenken, oder nehme ich zunächst wahr und reflektiere dann? Was ist der Auslöser? Warum wirkt er so auf mich? Muss und vor allem möchte ich meinem Impuls sofort folgen? Auch die Überprüfung dieser Fragen kann sekundenschnell geschehen, aber sie findet statt und beeinflusst eine Handlungsentscheidung. Das ist der Unterschied, und dies sind natürlich die äußersten zwei Extreme innerhalb eines Möglichkeits-Spektrums, aber durch die Gegenüberstellung wird klar, worum es geht.

In diesem Zusammenhang kann man weit ausholen und sich einmal fragen, warum die Menschen als Spezies eigentlich überhaupt so erfolgreich sind. Natürlich lässt sich das hier und auch generell noch nicht erschöpfend beantworten, man kann aber sagen, dass es vor allem auf unser wachstumsfreudiges Gehirn zurückzuführen ist. Evolutionsgeschichtlich gibt es kaum ein anderes Wesen auf der Erde, das der Entwicklung seines zentralen Nervensystems so viel Vorrang einräumt, wie wir Menschen. Das zeigt sich vor allem daran, wie und wann unser Nachwuchs auf die Welt kommt, nämlich ziemlich unterentwickelt und hilflos in jeder Hinsicht. Solange es geht, behält die Mutter den Säugling im Leib, aber selbst, wenn er eine Größe erreicht hat, über die hinaus keine Geburt mehr zu bewältigen wäre, ist er noch lange nicht voll entwickelt. Das Gehirn hat quasi einen Rohzustand, nicht mehr als ein grobes Gerüst, obwohl es schon jetzt im Vergleich zu anderen Säugetieren bei der

Geburt riesig ist und der Körper zugunsten des Hirnwachstums klar zurückstecken musste. Wenn wir uns einmal vor Augen halten, dass zum Beispiel ein Fohlen schon wenige Stunden nach der Entbindung auf seinen wackeligen Beinchen steht, fix und fertig, wie eine Miniaturausgabe seiner Eltern, so hat ein neugeborenes Menschenbaby dagegen doch eher schlechte Karten. Nicht nur, dass erst jetzt der eigentliche Formungs- und Anpassungsprozess des Gehirns beginnt, auch der Körper hat einiges aufzuholen. So ist also unser Nachwuchs auf Gedeih und Verderb viele Jahre auf die Eltern, eine Familie, einen Clan angewiesen, bevor er selbst für sich sorgen kann. Nicht umsonst besagt ein afrikanisches Sprichwort, „Um ein Kind zu erziehen, bedarf es ein ganzes Dorf". Und auch als Erwachsene tun wir gut daran, uns nicht als Einzelgänger abzusondern – das galt schon in der Steinzeit, in der es rein existenziell um das nackte Überleben ging.

Den Schutz der Gruppe genießen oder allein zurückbleiben, dazu gehören oder nicht, sich fortpflanzen können oder die eigene Abstammungslinie versiegen lassen, fressen oder gefressen werden. Im Kern heißt das: Auch heute noch sind wir von der Geburt bis zum Tode abhängig von den gesellschaftlichen Strukturen, in denen wir aufwachsen, leben und die uns prägen, auch, wenn uns so manche individualistische Idee vom Gegenteil überzeugen möchte, ganz nach dem Motto, „Wenn jeder sich um sich selbst kümmert, ist für alle gesorgt". Das ist ein Trugschluss. Wir sind alle Teil eines Schwarms, des großen Ganzen. Welche Fähigkeiten muss ich aber erlernen, um mich erfolgreich in einem sozialen Gefüge zu bewegen, um versorgt und behütet zu werden, aber auch, um später meine Gene weiter zu geben, nicht nur aus Steinzeitsicht gefragt?

Die Antworten sind naheliegend und wir kennen sie eigentlich alle: Neugierde, Einfühlungsvermögen, Beobachtungsgabe, strategisches Denken – all das, was wir heutzutage als soziale Kompetenzen bezeichnen oder auch als „Soft Skills". Ein komplexer und gleichzeitig dynamischer Fluss von Denkvorgängen, Emotionen und Entscheidungen ist notwendig, um sich gekonnt in eine Gruppe einzufügen, sich ihr anzupassen und gleichzeitig genug Autonomie für die eigene Persönlichkeit zu wahren. Sehr wahrscheinlich haben wir genau dieser Komplexität unser Riesengehirn zu verdanken, denn sie fordert von unseren Synapsen ein beständiges Wachsen und eine enorme Flexibilität. Kaum ein Zusammenhang in der Natur, auf den sich das Gehirn eines Lebewesens einstellen muss, ist so anspruchsvoll wie ein Sozialverbund. Eine Spezialisierung, die später vielleicht in eine evolutionäre Sackgasse führen könnte, ist hier gar nicht erst möglich. Darüber hinaus sichert der naturgegebene Drang zu Wissbegier, Erschließung und Bildung immer neue Netzwerke. Das ist auch aus erbtheoretischer Sicht vorteilhaft, denn das permanente Durchmischen und Erneuern des Genpools sorgen für die kontinuierliche Evolution und somit für das Überleben einer Spezies.

Aber brechen wir es einmal herunter: Wo kommt denn da die Selbstregulation vor? Um das zu beantworten, bleiben wir vielleicht einmal in der Steinzeit. Die Jäger einer Sippe haben eine Beute erlegt und kommen damit in die Siedlung. Eine Daheimgebliebene ist bereits von großem Hunger geplagt. Wie würde es aber in der Gruppe ankommen, wenn sie sofort ihrem Impuls nachgäbe und sich ohne Rücksicht auf die Ansprüche aller anderen auf das Essen stürzen würde? Oder ein weiteres Beispiel: Die Hütte Ihres Nachbarn ist durch einen Sturm so stark zerstört worden, dass er nicht mehr darin schlafen kann. Sie sind ihm nicht sonderlich gewogen, haben aber ob seiner misslichen Lage durchaus Mitgefühl mit ihm. Außerdem könnten Sie beim nächsten Mal in derselben Situation sein, also entscheiden Sie, ihn nicht abzuweisen, sondern ihm Unterschlupf zu gewähren. Im Schutz einer Gemeinschaft leben zu können, der man sich freiwillig untergeordnet hat, erfordert die Regulation und Kontrolle der eigenen Emotionen und Impulse zugunsten der Einhaltung von Regeln und Normen der Gruppe. Die besondere

Herausforderung daran: Wir erhalten die Belohnung dafür nicht unmittelbar, sondern meistens deutlich zeitversetzt, und der Zusammenhang wird dadurch abstrahiert.

Die amerikanische Psychologin Kelly McGongial bringt es sinngemäß auf den Punkt, indem sie sagt: „The need to fit in, cooperate, and maintain long-term relationships put pressure on our early human brains to develop strategies for self-control". Die Notwendigkeit, dazu zu gehören, zu kooperieren und Langzeit-Beziehungen zu pflegen, setzte unser frühes menschliches Gehirn unter Druck, Strategien zur Selbstkontrolle zu entwickeln. Der Bogenschlag in die heutige Zeit ist für jeden nur allzu offensichtlich. Die Kontexte sind noch komplizierter geworden und die Umstände erfordern in allen denkbaren Lebenssituationen, privat wie beruflich, besonnenes, zum Teil gar strategisches Agieren, mindestens aber eine gesunde Balance zwischen Anpassung und Abgrenzung. Immer schwieriger wird es, sich selbst dabei im Blick zu behalten. Manche behaupten sogar, eines der größten Probleme der modernen Welt sei es, dass wir nicht mehr in kleineren Clan-Verbänden einer „steinzeitlichen" Größe Leben, also vielleicht etwa hundert bis hundertfünfzig Individuen, da unser Denk- und Verständnisvermögen hinter der Abstraktheit und der unfassbaren Größe der sozialen Zusammenhänge, in denen wir uns heutzutage bewegen, nicht mehr hinterher kommen.

Es könnte also helfen, die Linse wieder etwas enger zu stellen und uns auf die Fähigkeiten zu konzentrieren, die uns so weit gebracht haben. Zwei davon sind eben die Entwicklung und das Training der Selbststeuerung, im Übrigen auch ein deutlich sympathischeres und weniger belastetes Wort als Selbstdisziplin.

KONTRA: BRAUCHEN WIR WIRKLICH MEHR SELBSTDISZIPLIN?

"Was in unserer Macht liegt zu tun, liegt in unserer Macht nicht zu tun."

(Aristoteles, 384 bis 322 v.Chr.)

Hier wollen wir eingangs mit einer grundsätzlichen Frage beginnen: Warum wünschen wir uns eigentlich mehr Selbstdisziplin? Warum ist diese vermeintliche Tugend in unserem Wertesystem so willkommen? Die Antwort liegt auf der Hand: Selbstdisziplin soll uns helfen, unsere Ziele zu erreichen und uns somit auch die Anerkennung der Gesellschaft zu verdienen. Wir nehmen hier also den roten Faden aus dem vorausgegangenen Kapitel wieder auf: Es geht um das Individuum in der Gemeinschaft.

Nichts liegt da näher, als auch einmal einen Blick auf das Wertesystem zu werfen, das uns diese Ziele vorgibt. Vielleicht gilt es, eben dieses zu hinterfragen, anstatt die eigene Unzulänglichkeit anzuklagen wegen mangelnder Selbstdisziplin. Niemand wird daran zweifeln, dass wir in Westeuropa in einer Leistungsgesellschaft leben, höchstens noch getoppt vom Ehrgeiz der Japaner. Seit dem Ende des Zweiten Weltkriegs bestimmen immer mehr Gesetze des Kapitalismus und der Finanzwirtschaft unsere Lebensrhythmen. Wir definieren uns gern über Statussymbole und befüllen unsere Freizeit mit Konsum. „Kannste was, dann haste was, dann biste was" – das kennen wir alle, von klein auf an. Wir können uns nicht vorstellen, dass ein Mensch einfach nur so wertvoll ist, ganz ohne Karriere, Eigenheim, alljährliche Fernreise oder SUV.

Und wenn es aber doch so ist? Wenn jeder allein deshalb Respekt, Wertschätzung und Liebe verdient, weil er Teil unseres Schwarms und somit mit uns verbunden ist? Natürlich ist das ein provokativ vereinfachter Ansatz, aber es gibt solche Ideen immer wieder in unserer Geschichte. Eine interessante Strömung, die sich diese Frage wahrscheinlich auch schon gestellt hat, verkörperten zum Beispiel die Verfechter der antiautoritären Erziehung. Nicht überraschenderweise entstand diese Bewegung Ende der 60er Jahre, als die Hippies gegen das

Establishment rebellierten, also gegen Anforderungen, die einem Wertekanon entstammten, mit dem sie sich nicht mehr identifizieren wollten. Zu den grundlegenden Charakteristika der antiautoritären Erziehung gehören unbedingt die Ideale von Recht und Freiheit, auch für Kinder – keine Machtausübung und kein Zwang durch Erzieher oder Eltern bei der Persönlichkeitsentwicklung. Interessanterweise verfolgt diese pädagogische Herangehensweise kein bestimmtes Ziel. Es geht im Idealfall um die Entfaltung von Selbstverantwortung, Eigenständigkeit und Kreativität einer Person.

Natürlich gibt es genügend Kritiker dieses Erziehungsstils und auch im Praxistest hat sich dieser anscheinend nicht durchgesetzt, aber die Grundideen von freiheitlicher Entscheidung und Eigenverantwortung sind einen zweiten Blick wert. An dieser Stelle geht es ja vornehmlich um Erwachsene und nicht um Kinder. Die entscheidenden Fragen, zu denen uns dieser Vergleich im Zusammenhang mit dem Thema Selbstdisziplin führen soll, sind folgende: Habe ich meine Ziele wirklich frei selbst gewählt? Sind sie authentisch, kann ich mich darin wiederfinden, oder sind sie Platzhalter, leere Hüllen für gesellschaftliche Pseudo-Ideale? Wie lauten Ihre persönlichen Antworten darauf? An dieser Stelle wollen wir diesbezüglich nicht weiter bohren, aber wir werden später noch einmal darauf zurückkommen. Sie dürfen also in Ihrem Kopf schon einmal unterbewusst nachhallen, was uns zum nächsten kritischen Aspekt führt: Kreativität und Selbstdisziplin.

In der Kreativitätstheorie ist schon lange bekannt, dass es für den gelungenen Output nicht nur den kognitiven Einsatz eines schlauen Kopfes, der mit Wissen gefüllt ist, braucht, sondern auch die sogenannte „Inkubationsphase". Das heißt, bestenfalls nimmt man Abstand zum Problem, um seinem Unterbewusstsein Zeit und Raum zu geben, sozusagen im Hintergrund all die zuvor gesammelten Fakten immer neu zu kombinieren. Aus diesem Meer von neuen Variationen, die unbemerkt wie bei einem enorm leistungsfähigen Computer im Hintergrund ablaufen, also gern auch im Schlaf oder während anderer Entspannungsphasen, steigt dann – im richtigen Moment – die erleuchtende Lösungsidee ins Bewusstsein auf: Der sogenannte Aha-Effekt tritt ein und es erscheint uns dann so, als wäre diese Eingebung aus dem Nichts gekommen, quasi vom Himmel gefallen – das ist sie aber nicht. Unser Unterbewusstsein hat unermüdlich daran gearbeitet, ohne dass wir es bemerkt und vor allem, weil wir ihm den Freiraum dafür gegeben haben.

Es ist also ausdrücklich erwünscht, zwischen schweißtreibender, wohlgemerkt disziplinierter Anstrengung einfach einmal so richtig genüsslich Spaß zu haben. Da kann verbissenes Festhalten am Problem oder stirnfaltiges Herumgrübeln sogar kontraproduktiv sein. Das wahrhaft Neue entspringt stets dem Chaos.

Und dann ist da noch die Individualität. So sehr wir uns wünschen, perfekt in eine Gemeinschaft zu passen und ihren Wertvorstellungen gerecht zu werden, so sehr ist diese Gesellschaft doch immer auch die Summe ihrer Einzelwesen. Beide Pole sind untrennbar miteinander verbunden. Es ist genauso, wie wenn man ein Kleidungsstück von der Stange kauft: Es wurde für einen nicht existenten Durchschnitt entworfen und wird nie so perfekt passen wie eine Maßanfertigung. Wir sollten also sehr genau hinschauen, welchen Ansprüchen von außen wir gerecht werden können und vor allem wollen, und welchen eben nicht. Dazu müssen wir uns aber auch ehrlich mit uns selbst auseinandersetzen, und zwar immer wieder neu, denn es geht nicht nur darum, unsere persönliche Balance zwischen Autonomie und Anpassung zu finden, sondern diese auch immer wieder zu überprüfen und an unsere Lebensumstände anzupassen.

Darüber hinaus ist es wichtig, uns einen Blickwinkel zu erhalten, der uns eine wohlwollende Interpretation der eigenen Wahl ermöglicht. In seinem Buch „Die Glückshypothese“ verdeutlicht der Autor Jonathan Haidt sehr klar, dass Glücksempfinden eine Frage der eigenen

Bewertung ist. Er stellt in einem Beispiel die Situationen von zwei Menschen gegenüber, die extrem unterschiedlich sind, und fragt sich dann, wer von den beiden ProtagonistInnen sich wohl als glücklicher bezeichnen würde: Da haben wir auf der einen Seite einen alleinstehenden, dreißigjährigen gesunden weißen Mann, der in Deutschland in einem Einfamilienhaus lebt und bereits die obere Hälfte seiner Karriereleiter erklommen hat. Dem gegenüber steht eine sechzig Jahre alte Afroamerikanerin mit schwerem Diabetes, die mit ihrer siebenköpfigen Mehrgenerationen-Familie in einer Mietwohnung am Rande einer Großstadt wohnt. Sie kümmert sich um ihre Enkelkinder und engagiert sich darüber hinaus in der Kirchengemeinde. Den äußeren Faktoren nach zu urteilen, wäre das Ergebnis augenscheinlich: Der junge Mann hätte das große Los gezogen, oder? Aber beantworten Sie sich die Frage selbst, wer von den beiden ein zufriedeneres Leben führt, und denken Sie daran: It's all about storytelling!

Dass strenge Selbstdisziplin nicht für jeden Menschen gleichermaßen wohltuend ist, zeigt eine Studie aus Wien: Darin wurden Probanden aufgefordert, eine Art Tagebuch der Verlockungen zu führen, in dem sie festhalten sollten, wenn sie im Alltag auf eine Versuchung gestoßen waren, ob sie dieser nachgegeben hatten und vor allem, wie zufrieden sie mit der getroffenen Entscheidung im Nachhinein waren. Einige der Teilnehmer zogen vor allem Befriedigung aus der Tatsache, dass sie allem widerstehen konnten:

„Wir gehen immer davon aus, dass ein hohes Maß an Selbstdisziplin zu einem wenig freudvollen Leben führt. Dem ist aber nicht so. Unsere Untersuchungen haben ergeben, dass sehr kontrollierte Menschen generell zufriedener mit ihrem Leben sind. Zufriedenheit rührt nämlich daher, dass man diszipliniert lebt, Selbstbeherrschung sorgt dafür, dass man im Job erfolgreicher ist, dass man bessere Beziehungen führt. Und vor allen Dingen dafür, dass man Probleme und Stress vermeiden kann, indem man weniger Dinge tut, derentwegen man sich hinterher schuldig fühlt." ***(Roy Baumeister, Sozialpsychologe)***

Die anderen jedoch bedauerten den Verzicht, weil sie befürchteten, dass ihnen dadurch auch ein Stück weit Lebensintensität und Genuss entgangen waren. Letzteres ist vor allem aus spirituell-philosophischer Sicht durchaus nachvollziehbar, schließlich lehrt uns nicht nur der Buddhismus, dass wir ganz im Moment leben sollen, denn nur in dieser Lebensart sei das wahrhaftige Glück zu finden. Die Thesen dieser Religion gehen sogar so weit, zu behaupten, es gäbe weder Vergangenheit noch Zukunft. Lassen wir also das Glück des Moments, also der einzig wahren Realität, links liegen für ein vermeintlich noch kommendes, haben wir demnach eine schlechte Wahl getroffen.

„Es gibt allerdings auch Möglichkeiten, um die von uns tatsächlich erlebte Lebenszeit zu intensivieren und auf diese Weise zu verlängern: etwa eine achtsamere Wahrnehmung von Körperempfindungen, eine größere emotionale Berührbarkeit oder ein Gespür für die Balance zwischen den eigenen Bedürfnissen und den Anforderungen des Alltags."
(Der unendliche Augenblick, Natalie Knapp)

Wer aber könnte und sollte diese zwei Arten von Glück für die einzelnen Menschen gegeneinander aufwiegen und das richtige Gleichgewicht zwischen ihnen finden, wenn nicht jede und jeder selbst, ganz persönlich auf die jeweiligen Bedürfnisse zugeschnitten? Der Ausspruch „carpe diem" ist den meisten von uns bekannt. Aus dem Lateinischen übersetzt heißt er so viel wie: „Nutze den Tag". Beide Teilnehmergruppen der oben beschriebenen Studie könnten zweifelsohne für sich beanspruchen, dieser Aufforderung nachgekommen zu sein. Die einen würden vielleicht sagen, dass sie stolz darauf sind, jeden einzelnen Augenblick genutzt zu haben, um ihrem übergeordneten Ziel näher zu kommen, wenngleich dieses auch noch in der (möglicherweise gar nicht existierenden) Zukunft liegt. Die Befriedigung daraus ist für sie unter Umständen ebenso groß wie die derjenigen Teilnehmenden, die den Genuss in dem Moment in ihr persönliches Glück verwandelt haben, als er sich ihnen darbot. Für sie träfe dann eventuell eher die wörtliche Übersetzung des Spruches „Pflücke den Tag" zu.

DISZIPLINIERT LOCKER BLEIBEN, LACHEN NICHT VERGESSEN

Wer immer arbeitet wie ein Pferd, fleißig ist wie eine Biene, abends müde ist wie ein Hund, der sollte zum Tierarzt gehen, vielleicht ist er ein Kamel. An dieser etwas anderen Botschaft, die den Appell „carpe diem" durchaus konterkarieren mag, ist vielleicht auch etwas Wahres dran. Lassen Sie es uns etwas anders formulieren: Sie quälen sich allzu sehr damit, Ihre eigene Position im Spannungsfeld zwischen Verzicht und Genuss zu finden? Dann nehmen Sie Abstand! Einen Schritt zurückzutreten und einen Kontext, die eigenen Bestrebungen, das gesamte eigene Ich mit seinen unzähligen Befindlichkeiten aus der Distanz zu betrachten, kann Erleichterung verschaffen und vieles in seiner Gewichtung relativieren, und wie gelänge das besser als mit Humor? Die Herausforderung, sich selbst zu disziplinieren, bietet hierfür eine Steilvorlage, denn es kommt noch ein anderer wichtiger Aspekt hinzu: das Verbundenheitsgefühl, das viele von uns im gemeinsamen Scheitern erleben. Menschliche Schwäche wird durch das Teilen und Abgleichen untereinander in etwas umgewandelt, das uns bereichert und tröstet. Gemeinsam ist man weniger allein, das gilt schließlich auch für das Versagen. Wir schauen nach rechts und links und erkennen, dass es anderen genauso geht wie uns, dass wir nicht besser oder schlechter sind als sie. Der Druck schwindet und weicht plötzlich der Möglichkeit, großzügig zu sein und lachend zu verzeihen, anderen und danach sich selbst. Oder aber wir verbünden uns darin, dass die Anforderungen ohnehin für alle zu hoch angesetzt, ja, nahezu unerreichbar sind. Wo kein Kläger, da kein Richter.

Eine Schattenseite, die mit den Bemühungen um mehr Selbstdisziplin anscheinend für viele Menschen einhergeht, scheint für diese Art der augenzwinkernden Suche nach Seelenverwandtschaft besonders geeignet zu sein: das Phänomen der Prokrastination, von vielen auch „Verschieberitis" genannt. Wenn man prokrastiniert, drückt man sich vor etwas, vertagt etwas, das erledigt werden müsste. Man zögert es hinaus, verschiebt und verschiebt es, indem man fadenscheinige Ausreden beziehungsweise Ersatzhandlungen findet. Studenten, die es nicht schaffen, mit ihrer Abschlussarbeit anzufangen, und sich stattdessen in Computerspielen verlieren, Hausfrauen und -männer, die um den Berg Abwasch herumschleichen und lieber ihr Gewürzregal umsortieren, Versicherungsberater, die sich immer wieder von ihrem Facebook-Verlauf ablenken lassen, anstatt einen dringenden Bericht zu verfassen – sie alle werden zu einer Schicksalsgemeinschaft durch das kollektive Defizit mangelnder Selbstdisziplin. Und anstatt dieses Manko verschämt vor anderen zu verbergen, treten sie geschlossen hervor und lachen darüber. Ines Hammer, Persönlichkeits-Coach, hat dazu in ihrem Blog einige anonyme Zitate aus den Weiten des Internets gesammelt:

Und jetzt geh ich den Hamsterkäfig entstauben…

Oh, der Keller gibt da so viele Möglichkeiten her. Aufräumen, Ausmisten, Sachen verkaufen. Und die Stifte müssen sortiert werden. Alle.

Ich habe mir vor Jahren ein Buch über Prokrastination gekauft und bin heute immer noch beim Vorwort.

Ich will immer zu einer „geraden" Uhrzeit anfangen. Also um oder halb oder viertel. Aber eben nicht 7 Minuten nach oder so. Und wenn ich diese „geraden" Uhrzeiten verpasse, muss ich auf die nächste warten.

Aber auch der populäre Blogger und Journalist Sascha Lobo, vielen im Gedächtnis durch seinen roten Irokesen-Haarschnitt, nimmt sich zusammen mit der Autorin Kathrin Passig in dem Buch „Dinge geregelt kriegen ohne einen Funken Selbstdisziplin" der Sache an. Demnach ist letztlich das Timing bei der Pflichterfüllung nicht zu unterschätzen, denn wenn man quasi mit Scheuklappen stur seinen Plan durchzieht, verpasst man möglicherweise die Vorteile, die einem das Schicksal zuspielen könnte:

„Verfrühtes Handeln kann nämlich ebenso schädlich sein wie verspätetes. Hätte Romeo seinen Selbstmord am Grab von Julia noch etwas aufgeschoben, wären die beiden gemeinsam alt geworden. Eingedenk dieses traurigen Falles möchten wir diese Erkenntnis auf den Namen ‹Romeo-Regel› taufen. Fürs Vergiften ist später immer noch Zeit!"

Manche Richtungen der Philosophie entdecken in einer humorvollen Grundhaltung gar eine ganze Lebenseinstellung. Die Voraussetzung dafür ist aber auch hier, dass man sich ein paar Gedanken über das eigene Dasein und seinen Platz in der Welt macht. Dann wird einem nämlich sehr schnell klar, dass man nur ein Staubkörnchen im Wind ist. Und anstatt ob dem Erkennen dieser Bedeutungslosigkeit in eine Depression zu verfallen und alle Hoffnung zu verlieren, erwächst daraus die Souveränität, die eigene Endlichkeit reflektiert zu haben, sich ihrer immer bewusst zu sein. Menschliche Lebensgeschichten wirken aus dieser Sicht wie unstete Blätter im Wind, chaotisch und willkürlich tanzend zwischen ihren lebendigen Polen von Freude und Trauer. Durch die Distanz der Heiterkeit wird das eigene Gefühl, diesem Spiel machtlos ausgeliefert zu sein, erst erträglich und führt demnach zu innerer Ausgeglichenheit – eine Theorie, der wir uns anschließen könnten, denn sie schlägt wieder den Bogen zu mehreren Punkten der Betrachtungen in diesem Buch. Es geht um das innere Gleichgewicht und um Seelenruhe, darum, in Kontakt mit seinen Emotionen zu sein und durch diese Verankerung stabil gefestigt, authentische und wache Entscheidungen zu treffen.

Damit Sie dieses hehre Ziel etwas leichter erreichen können, wird es nun konkret. Es geht zur Sache, Hand aufs Herz…

Sich selbst kennenlernen

IST SELBSTDISZIPLIN ANGEBOREN?

Die Therapeutin Stefanie Stahl ist bekannt dafür, komplexe psychologische Zusammenhänge in ihren Büchern und Seminaren so anschaulich und nachvollziehbar zu erklären, dass man schnell die Scheu davor verliert, die eigene Persönlichkeit danach abzufragen. Und um diese Betrachtung kommt man eben nicht herum, wenn man wirklich auf sein Verhalten Einfluss nehmen möchte. Aus diesem Grund wollen wir uns hier an ihren Ausführungen orientieren, denn die Frage, ob Selbstdisziplin angeboren ist, lässt sich mit einem eindeutigen JEIN und nur mit genauerem Hinschauen beantworten.

Die meisten von uns würden wahrscheinlich der Vermutung zustimmen, dass unser Charakter aus der Kombination von Veranlagungen und Sozialisation entsteht. In welchem Maße jedoch die Gene zur Ausprägung unseres Wesens beitragen, ist nach wie vor umstritten. Aktuell geht man aber davon aus, dass es wahrscheinlich ein größerer Anteil ist, als bislang vermutet wurde. Bleiben wir bei den Schlussfolgerungen von Frau Stahl, gibt es vier wesentliche Charakterzüge, mit denen wir bereits auf die Welt kommen:

Wir sind entweder introvertiert oder extrovertiert.

Introvertierte Menschen schöpfen mehr aus ihrem eigenen inneren Kosmos. Sie können gut zuhören, denken erst und sprechen dann. Dabei widmen sie sich gern jedem Detail, was den Eindruck erwecken mag, dass sie Zusammenhänge langsamer erfassen würden. Viele Romanautoren sind introvertiert. Sie sind sich oft selbst genug, während Extrovertierte äußerst kommunikativ und neugierig sind und stets aktiv die Nähe zu anderen suchen. Ihre eigenen Gedankengänge müssen sie nicht selten erst laut aussprechen, bevor ihnen selbst klar wird, was sie eigentlich sagen wollen. Sie langweilen sich früher, brauchen die Inspiration von außen und gehen weniger gern in die Tiefe als Introvertierte. Dadurch wirken sie auf den ersten Blick schnell und agil.

Wir nehmen entweder konkret oder abstrakt wahr.

Wer abstrakt wahrnimmt, liebt die Konzeption, den Rahmen, die Vision. Zusammenhänge werden nicht selten regelrecht strategisch in einen Kontext eingeordnet. Weniger Spaß allerdings bereitet es den Abstrakten, den Rahmen mit Inhalten zu füllen. Da sie außerdem immer das große Ganze im Blick behalten, fallen ihnen Entscheidungen oft schwerer, da sie sich all der Auswirkungen bewusst sind, die diese mit sich bringen. Im Gegensatz dazu können Menschen, die konkret wahrnehmen, sich gut auf Einzelheiten fokussieren und das Umfeld darum herum ausblenden. Es erstaunt einen nicht, dass viele Handwerker konkret sind. Sie entdecken den Fleck an der Wand, bevor sie merken, dass das ganze Zimmer umgestaltet wurde. Sie sind oft entscheidungsfreudiger, weil sie sich auf das Detail konzentrieren anstatt auf den komplexen Zusammenhang.

Wir gehen entweder strukturiert oder chaotisch an Aufgaben heran.

Der eine macht sich einen Plan und eine To-do-Liste, verschafft sich einen Überblick, bereitet alles vor, was er braucht, und macht sich dann daran, alles systematisch abzuarbeiten. Die andere fängt an einem Zipfel an, stürmt zunächst hoch motiviert darauf los, verliert dann aber plötzlich die Lust und widmet sich einer ganz anderen Sache. Am nächsten Tag arbeitet sie noch die Nacht durch, um den Abgabetermin einzuhalten. Man kann sich die konträren Charaktere sehr gut dabei vorstellen, auf welch unterschiedliche Art sie das gleiche Kochrezept in die Praxis umsetzen würden. Dem Strukturierten würde das Gericht sicher perfekt gelingen, es würde genau den Vorgaben entsprechend schmecken und die Küche wäre schon vor dem Essen aufgeräumt und sauber. Die Chaotin würde möglicherweise aus Versehen eine neue Speise erfinden und dabei die Küche in ein buntes Schlachtfeld verwandeln.

Wir sind entweder Denk- oder Fühl-Entscheider.

Die Denk-Entscheiderin wägt Argumente und Fakten ab, die Vor- und Nachteile, ein logischer Vorgang, objektiv, transparent und nachvollziehbar. Erinnern wir uns an den spitzohrigen Halb-Vulkanier Spock mit der emotionslosen Mimik aus der Serie Raumschiff Enterprise. Er entschied stets nach purer Logik, anders als Captain Kirk, der hier die menschliche, impulsive Seite verkörpert. Als Fühl-Entscheider hört er auf sein Herz, auch gern spontan und unüberlegt. Vermeintlich vernünftige Gründe können ihn selten umstimmen oder er legt sie einfach so aus, dass sie zu seinem Bauchgefühl passen. Dem Bauchentscheider fliegen im ersten Moment die Sympathien zu, aber er ist eben auch für Manipulationen durch die Beeinflussung seiner Gefühle zugänglicher, zum Beispiel, wenn in der Öffentlichkeit irrationale Ängste geschürt werden.

Selbstverständlich ist die Benennung der jeweils äußersten Pole überspitzt und viele werden sich irgendwo zwischen den Extremen einordnen, dennoch werden wohl alle bei sich eine Tendenz vorfinden können. Wichtig ist hierbei natürlich auch, zu sagen, dass es keinesfalls um die Bewertung der Eigenschaften geht. Laut Stahl hat jede Kombination dieser angeborenen Neigungen ihre Existenzberechtigung innerhalb der Gesellschaft, denn durch die Unterschiede entstehen auch ganz verschiedene Kompetenzprofile, die alle notwendig sind, damit wir gemeinsam durch unsere Vielfalt den komplexen Ansprüchen gerecht werden können, die das moderne Leben an uns stellt. Logischerweise ist demnach schon durch unsere Veranlagungen nicht jedes Problem für alle gleich schwer zu lösen, was wir in Bezug auf Selbstdisziplin nicht aus dem Blick verlieren sollten. Je nachdem also, ob die Aufgabenstellung unserem

Naturell entgegenkommt oder nicht, wird die Erfüllung mehr Kraftanstrengung und Überwindung kosten oder weniger. Das ist offensichtlich. Somit ist es hilfreich, seine angeborenen Neigungen zumindest im Ansatz zu kennen, denn nur dann können wir beim Thema Selbstdisziplin mit ihnen arbeiten anstatt gegen sie. Darauf, wie genau das aussehen kann, werden wir später noch näher eingehen.

Schauen wir nun zumindest auf einen kleinen Teil des zweiten, augenscheinlich komplizierteren Aspekts: die Sozialisation. Wir werden also mit unseren veranlagten Eigenschaften in einen gesellschaftlichen Kontext hineingeboren, der uns von nun an prägt. Dieser ist in den meisten Fällen zunächst eher begrenzt auf die Familie beziehungsweise in diesem Zusammenhang vor allem auf die Eltern. Sie sind die ersten Menschen, mit denen wir eine Bindung eingehen. Wie wir diese allerersten Beziehungen erleben, trägt einen erheblichen Teil dazu bei, wie wir später als Erwachsene wiederum unsere eigenen Beziehungen gestalten. Konnten wir uns bei unseren Eltern sicher aufgehoben fühlen und uns gleichzeitig genug Freiraum nehmen, um unsere Fähigkeiten zu erproben? Eine weithin bekannte Postkarten-Weisheit bringt es auf den Punkt: Zwei Dinge sollen Kinder von ihren Eltern bekommen, Wurzeln und Flügel.

Doch welche Eltern und auch welche Kinder sind diesbezüglich schon perfekt? Hatten wir eher unstete, unzuverlässige oder gar aufbrausende Eltern, die mit der Kinderbetreuung tendenziell überfordert waren, konnten wir sehr wahrscheinlich kein Vertrauen in die Bindung aufbauen. Andersherum verhält es sich, wenn sie übervorsichtig und glukenhaft waren. Da sie uns nichts zutrauten, werden wir uns vermutlich selbst auch nicht viel zutrauen. Auf diese Weise erfahren wir uns in der frühen Kindheit durch den Spiegelblick unserer Eltern. Durch ihre Augen interpretieren wir, was wir von uns selbst halten können. Es geht hier jedoch auf keinen Fall um die Verurteilung erzieherischer

Fähigkeiten, sondern lediglich um die Betrachtung ihrer Auswirkungen. Ein kleines Kind wird in belastenden Beziehungen und Konflikten das Fehlverhalten niemals bei den Eltern suchen. Es schaut immer auf sich und entwickelt auf diese Weise eine verzerrte Sicht auf sein Selbst. Hat zum Beispiel eine Mutter berufsbedingt sehr viel Stress, fühlt sich überfordert und reagiert über lange Zeit mit zu wenig Zuwendung und Überreiztheit auf ihr Kind, so wird dieses daraus nicht schließen, „Meine Mutter sollte lieber weniger arbeiten, damit sie entspannter ist und sich besser um mich kümmern kann", sondern es wird daraus folgern, „Ich bin falsch und will zu viel.

Darum geht es meiner Mutter schlecht. Ich muss braver sein und sie weniger beanspruchen, dann geht es ihr wieder gut". Aus diesem Glaubenssatz heraus könnte das Kind die Tendenz entwickeln, sich in Konfliktsituationen immer an das Gegenüber anzupassen und die eigenen Bedürfnisse zu stark zurückzustellen. Dieses erlernte Verhaltensmuster ist dann im Gehirn verankert, da es so früh erlernt wurde. Deshalb wird es auch im Erwachsenen-Alter bei der Beziehungsgestaltung immer wieder abgerufen. Aus Gewohnheit rasen wir dann sozusagen auf dieser „Gehirn-Autobahn" dahin, ohne sie je zu hinterfragen. Ihr im Nachhinein einen neuen Trampelpfad entgegenzustellen, ist äußerst mühsam, aber in jedem Falle lohnenswert.

Diese Skizzen und Anlehnungen an die Ideen von Stefanie Stahl sind natürlich stark vereinfacht, führen uns aber wieder zu unserem Hauptthema. Lassen Sie uns an dieser Stelle noch einmal das „Marshmallow-Experiment" aus dem Eingangs-Kapitel aufgreifen. Wir kehren über den Umweg der frühen Beziehungsentwicklung zu der Frage zurück, „Warum hatten einige Kinder die Geduld, auf die zweite Süßigkeit zu warten und andere nicht?". Gibt es eine Art Geduldsgen? Abstrakt ausgedrückt, geht es bei dem Versuch um das Thema Belohnungsaufschub. Dass für ein Kleinkind eine Süßigkeit eine Belohnung ist, scheint vollkommen offensichtlich. Was aber, wenn die Belohnung nicht materieller Natur ist, sondern aus Liebe und Aufmerksamkeit besteht? Wurde ein Kind in der Beziehung mit den Eltern mit diesen Emotionen belohnt beziehungsweise genährt? Hat es gelernt, dass die Bindung zu den Eltern belastbar ist, dass es also unabhängig von seinem Verhalten genug Zuwendung bekommt? In diesem Fall würde man von einem sicher gebundenen Kind sprechen oder aber auch von einem, das Urvertrauen ausbilden durfte. Welche Schablone hat ein Kind nun zur Verfügung, und das auch in Bezug auf etwas so Profanes wie einen oder zwei Marshmallows? Die entscheidende Frage lautet: Kann ich darauf vertrauen, dass ich bekomme, was ich brauche? Das Große im Kleinen. Die JournalistInnen Kerstin Bund und Kolja Rudzio bringen es in einem Gespräch mit Matthias Sutter, Professor für Experimentelle Wirtschaftsforschung, auf den Punkt:

„Damit will Sutter die Frauen nicht zurück an den Herd schicken, er will vielmehr darauf aufmerksam machen, dass Kinder, die ständig fürchten müssen, zu kurz zu kommen oder vergessen zu werden, zuschlagen, wenn es was zu holen gibt. ‚Ob ein Kind geduldig ist oder nicht, hängt nämlich stark davon ab, wie verlässlich seine Beziehungen sind', sagt Sutter. Auf das zweite Marshmallow zu warten sei nur dann sinnvoll, wenn man sicher sei, dass man es auch bekomme. Geduld ist also auch ein Zusammenspiel von Erfahrungen aus der Vergangenheit und Erwartungen an die Zukunft."

Welches Zwischenfazit können wir daraus nun ziehen? Angeboren ist zunächst einmal nicht Selbstdisziplin als solches, sondern lediglich eine Neigung zu bestimmten Fähigkeiten oder Eigenschaften. Mit deren Hilfe können wir uns besonders gut jenen Herausforderungen stellen, für die eben diese Fähigkeiten notwendig oder gefragt sind. Es ist also nützlich, zu wissen, welcher Typ man ist, was in der eigenen Natur liegt, und was einem somit leichtfällt. So können wir viel besser passende

Lösungsstrategien entwickeln, um den eigenen Widerstand gegenüber bestimmten Aufgaben zu verringern. Selbstdisziplin fällt logischerweise leichter, je geringer die Hürde ist, die es zu überwinden gilt – je kleiner also der innere Schweinehund ist. Das zur Selbstdisziplin meist notwendige Durchhaltevermögen hingegen ist etwas, das zumindest in Teilen auf frühesten Kindheitserfahrungen basieren kann, also erlernt beziehungsweise antrainiert ist. Das heißt, die Ungeduldigen unter uns dürfen hoffen, denn Veränderung ist mithilfe von Selbstreflexion und Übung möglich. Man nennt diese bemerkenswerte Fähigkeit des Gehirns Neuroplastizität. Das bedeutet, dass einmal gebildete anatomische Strukturen von Synapsen, Nervenzellen oder auch ganzen Arealen in unserem Gehirn nicht fix sind, sondern dass sie sich in Bezug auf Funktion und Intensität umbauen lassen, je nachdem, auf welche Art oder wie stark wir sie nutzen.

WORUM GEHT ES MIR EIGENTLICH, ZIEL ODER PROJEKTION?

„Meist ist es leichter, andere zu kontrollieren als sich selbst", sagt der Schriftsteller Nico Szaba. Bei uns selbst zu beginnen, erscheint uns meist deutlich schwieriger, ja, vielleicht auch schmerzhafter: Wir suchen das Unangenehme lieber bei anderen. Irgendetwas oder irgendjemand ist schuld daran, dass wir etwas nicht schaffen, dass wir in Schwierigkeiten stecken oder dass wir unglücklich sind. Der ausgestreckte Vorwurfs-Zeigefinger deutet selten auf uns selbst. Wieder einmal stolpern wir über den Buddhismus, dessen Regeln eine solche Sicht nicht gelten lassen, sondern Folgendes lehren: Jeder ist selbst verantwortlich für seine negativen Gefühle. Was heißt das? Um dies zu verdeutlichen, schauen wir kurz in eine Filmszene hinein aus „sieben Jahre Tibet“, 1997 von Jean-Jaques Annaud produziert. Er schildert die Geschichte von zwei charakterlich sehr unterschiedlichen Bergsteigern, die während einer

Expedition im Himalaja durch den Ausbruch des Zweiten Weltkriegs zunächst in Britisch-Indien in Kriegsgefangenschaft geraten, dieser dann aber entfliehen können und Asyl in Tibet finden. Der eine Sportler, Heinrich Harrer, ist umtriebig und gewitzt, aber auch egoistisch und überehrgeizig. Dadurch hat er zudem ein konfliktreiches Verhältnis zu seiner Frau, die sich auch von ihm trennen will. Peter Aufschnaiter dagegen ist ein stiller, verantwortungsvoller Typ, dafür jedoch eher unscheinbar und introvertiert. Beide verlieben sich in Lhasa in die gleiche Frau. Sie entscheidet sich für den besonneneren Peter, das Paar heiratet und lässt sich etwas außerhalb der Stadt in einem kleinen, abgeschieden gelegenen Haus nieder. Als Heinrich sie dort nach mehreren Monaten das erste Mal besucht, reagiert er gereizt auf Nachfragen, macht sofort einige abfällige Bemerkungen, anstatt sich mit dem jungen Paar zu freuen. Die junge Tibeterin ist aber weder beleidigt noch gekränkt, was sicher eine nachvollziehbare Reaktion gewesen wäre. Sie antwortet stattdessen sinngemäß, „Du musst sehr einsam und traurig sein, dass du uns unser Glück missgönnst".

Die Begegnung zeigt sehr anschaulich, dass wir lieber wütend werden, andere angreifen oder sogar verletzen, nur um zu vermeiden oder vielleicht auch, um nicht zu zeigen, dass eigentlich wir selbst verletzt sind und Zuwendung bräuchten. Nach außen hin zeigen sich Sarkasmus und Eifersucht, dahinter stecken jedoch Einsamkeit und Traurigkeit. Bei letzteren Gefühlen zu bleiben, sie wirklich zu spüren und sie vielleicht sogar noch zu teilen, erfordert Mut und Ehrlichkeit.

Im Film geht es natürlich um große und offensichtliche Emotionen, aber eine ähnliche „Gefühls-Maskerade" kann auch dahinterstecken, wenn wir uns bestimmte Dinge vornehmen, an diesen aber wegen scheinbar zu wenig Selbstdisziplin immer wieder scheitern. Dann sollten wir uns Folgendes fragen: Warum möchte ich dieses Ziel eigentlich erreichen? Oder anders herum, was wird sich in meinem Leben dadurch verbessern oder ändern?

Nehmen wir als Beispiel eine Hausarbeit, die eine Studierende für ihren Semesterabschluss schreiben muss. Hier handelt es sich um eine sehr sachliche Angelegenheit. Der übergeordnete Zweck der Aufgabenerfüllung, irgendwann einen Studienabschluss zu erlangen, ist pragmatisch und vernünftig. Fällt es ihr schwer, an der Arbeit dranzubleiben, kann sie systematisch an der Verbesserung ihrer Selbstdisziplin arbeiten. Wir kommen später darauf zurück. Wie wäre es aber, wenn eben diese Studentin sich zu dick findet und sich vornimmt, abzunehmen? Sicher ist es aus gesundheitlicher Sicht besser, seinen Körper auf ein Normalgewicht zu bringen, häufig ist jedoch die Sehnsucht nach einem verbesserten oder ‚überspitzt gesagt, optimierten Aussehen mit dem Wunsch nach einem insgesamt erfüllteren Leben verbunden – was konkret meint, nach mehr Zuwendung und Verbundenheit.

Nicht selten wird diese falsche Verknüpfung sogar als Wenn-Dann-Abhängigkeit formuliert: Wenn ich erst einmal zehn Kilo abgenommen habe, gehe ich wieder öfter tanzen und lerne dann meinen Traumpartner kennen. Diese Vorstellung kann schlimmstenfalls in zwei extreme Richtungen ausschlagen: Entweder die Vision wird mit immenser Verbissenheit verfolgt, vielleicht sogar bis hin zu einer manifestierten Essstörung, oder es folgt das bekannte Wechselspiel von Diät halten und Scheitern mit dem bekannten Jo-Jo-Effekt.

In beiden Fällen wird der erste Schritt der hintergründigen Kausalfolge, das schöne schlanke und neue Ich, erst gar nicht erreicht oder sogar unbewusst sabotiert. Es könnte sich ja herausstellen, dass der Grund für das Alleinsein gar nicht das Übergewicht ist und man nach dem Abnehmen genauso einsam bleibt wie zuvor. Schon John Lennon sagte, „Life is what happens while you are busy making other plans“. Das Leben ist das, was passiert, während du dabei bist, andere Pläne zu schmieden. Glücklicherweise durchbricht unsere Beispiel-Studentin ihren eigenen destruktiven Kreislauf. Sie sucht eine Therapeutin auf, die sie behutsam dabei unterstützt, herauszufinden, welche Wünsche und Defizite sich wirklich hinter der großen oberflächlichen Sehnsucht verbergen, nach gängigem Schönheitsideal perfekt auszusehen.

Stellen wir uns selbst die Frage: Woher nehme ich mein Selbstbewusstsein, meine Selbstsicherheit? Zur Veranschaulichung landen wir gedanklich wieder beim „Marshmallow-Experiment“: Habe ich gelernt, dass ich okay bin, so wie ich bin, und dass ich darauf auch vertrauen kann, oder brauche ich dafür immer wieder eine Bestätigung von außen? Ist Letzteres der Fall, kann es schnell passieren, dass man diesen Zuspruch an der falschen Stelle sucht, also bei Personen oder in Ideal-Konstrukten, die dafür weder zuständig noch geeignet sind. Wir scheuen uns davor, auf unser eigenes notorisch unterversorgtes Inneres zu schauen, und dennoch ist es der einzig richtige Weg, denn als Erwachsene sind einzig und allein wir selbst dafür zuständig, uns emotional zu nähren. Uns das aber einzugestehen, macht Angst.

Wir wollen nicht verletzlich oder gar bedürftig sein. Doch kein Weg führt daran vorbei, der Angst ins Auge zu blicken, auch, wenn das schmerzt und wir lieber entfliehen wollen, aber dann können wir auch niemals die Verantwortung für unsere eigene seelische Versorgung übernehmen und werden immer Opfer bleiben, anstatt uns frei zu strampeln und selbstwirksam zu sein. Wenn wir versuchen, im Außen etwas zu finden, das unseren Mangel an Liebe und Anerkennung ausgleicht, ist es, als hätten wir viel zu kleine Münder, durch die niemals genug Nahrung hindurch passt, um unseren magenblähenden Hunger danach zu stillen. Wir müssen also aufpassen, dass wir nicht eine falsche Hoffnung in die Erfüllung unseres Wunschziels hineinprojizieren, denn dann ist ein Scheitern vorprogrammiert.

Anders als in den obigen Beispielen könnte in diesem Zusammenhang die Negativ-Schleife dazu führen, dass ich mir meine vermeintliche Minderwertigkeit immer wieder bestätige: Ich nehme mir vor, schlanker zu werden, da ich damit die falsche Vorstellung verbinde, dass mein Bedürfnis nach Liebe und Anerkennung dadurch erfüllt wird. In Wahrheit aber glaube ich gar nicht daran, dass ich es wert bin, Zuwendung zu erfahren. Aufgrund dieser inneren Härte mir selbst gegenüber stelle ich einen besonders strengen und ehrgeizigen Diätplan auf. Als verunsicherter Mensch ohne Urvertrauen jedoch fällt es mir besonders schwer, diesen einzuhalten, und ich nehme sogar noch stärker zu als vorher. Jetzt kann ich mir zu meinem vermeintlich unattraktiven Aussehen auch noch das eigene Versagen vorwerfen und mir damit plausibel erklären, dass ich es vollkommen zurecht nicht wert bin, geliebt zu werden. Der Kreislauf beginnt von vorn und verstärkt sich von Mal zu Mal, eine sich selbst erfüllende Prophezeiung.

Um solch destruktive Verhaltensmuster herauszuarbeiten, können wir uns auch noch einmal einer knackigen Unterscheidung aus dem Blog von Ines Hammer bedienen, dessen Schwerpunktthema Prokrastination ist. Sie spricht hier einerseits von „Vermeidungsaufschiebern“, die sich deshalb um eine Aufgabe herumdrücken, weil sie Versagensängste haben, die oft, wie oben beschrieben, einen tieferliegenden Hintergrund und somit ein überdimensioniertes Ausmaß haben. Bekommt man sie nicht in den Griff, lohnt sich eine Rückschau in die Vergangenheit, um ihre Wurzeln zu identifizieren. Demgegenüber stehen laut Hammer die „Erregungsaufschieber“. Sie bräuchten den Adrenalin-Kick und würden zum Beispiel kurz vor Ende einer Deadline anfangen, um dann Tag und Nacht durchzuarbeiten. Diese Prokrastinierenden könnten wir vielleicht auch den Menschen zuordnen, die nach Stefanie Stahl einfach eine Veranlagung zu einer chaotischen Herangehensweise haben, darunter aber dennoch nicht existenziell leiden.

VON TOLERANZ UND AKZEPTANZ

Was kann ich aber tun, wenn es mir schwerfällt, emotional selbst für mich zu sorgen? Die wahrhaftigen Gefühle, die sich hinter den Masken der falschen Ziele verbergen, sind meist deutlich komplexer und auch eingeübter als unsere Beispiele. Vielen Menschen gelingt es gar nicht, zu ihnen vorzudringen oder sie überhaupt nur wahrzunehmen. An diesem Punkt sind wir übrigens auch wieder bei einem der Begriffe angekommen, die uns ganz am Anfang in der psychologischen Definition der Selbstdisziplin begegnet sind: beim Selbstzugang. Einfacher formuliert könnte man vielleicht fragen: Kann ich all meine Gefühle spüren und benennen, auch die unangenehmen? Bin ich in Kontakt mit mir und erkenne ich meine Bedürfnisse? Was so selbstverständlich klingt, ist für viele eine große Herausforderung, da es für sie die Normalität ist, ihre Empfindungen zu vermeiden. Insbesondere Menschen, die sich als Kinder sehr stark anpassen mussten – wie im Kapitel „Was für ein Typ bin ich, ist Selbstdisziplin angeboren?" beschrieben –, haben oft große Schwierigkeiten, einen Zugang zu den eigenen Bedürfnissen zu finden. Wenn man damit beginnen möchte, diese Fähigkeit zu stärken beziehungsweise sie zunächst einmal zu erlernen, raten die meisten Therapeuten dazu, auf den Körper zu lauschen. Er ist nicht so leicht zu täuschen und reagiert verlässlich auf Emotionen, seit es Menschen gibt, auch auf diejenigen, die der Kopf gerade ausblendet.

Nüchtern betrachtet macht das auch Sinn, denn wenn unser Körper mit seinen Reaktionen immer erst so lange warten würde, bis wir uns überlegt haben, was passieren soll, wären wir wahrscheinlich schon ausgestorben. Nehmen wir als Beispiel die typischen körperlichen Antworten auf das Gefühl der Angst. Sie unterscheiden sich nicht, egal, ob ein Steinzeitmensch in Panik geriet, als er plötzlich einen Bären entdeckte, oder ob wir sie heute spüren, wenn wir kurz vor einer Prüfung stehen. Adrenalin wird ausgeschüttet und sorgt dafür, dass der Atem flacher wird und sich beschleunigt, dass der Blutdruck steigt und dass wir für den Moment schmerzunempfindlicher werden. All das passiert, ohne dass wir es bewusst wahrnehmen. Genau das aber können wir versuchen und es uns dann zunutze machen. Stefanie Stahl empfiehlt: „Gefühle drücken sich körperlich aus durch Druck, Kribbeln, einen Kloß im Hals, Herzklopfen und so weiter. Achte auf die körperliche Empfindungsebene deiner Gefühle. Falls du zum Beispiel ein Druckgefühl verspürst, dann frage dich, welcher Gefühlsname dazu passt – zum Beispiel Angst.".

Habe ich nun also den Mut aufgebracht und beim Ergründen meines Inneren entdeckt, dass mich alte Muster eher antreiben als der tatsächliche Wille, das Leben nach meinen Vorstellungen zu gestalten, ist es an der Zeit, Eigenverantwortung zu übernehmen. Ich muss meine Resilienz aufbauen und stärken, damit ich mich emotional selbst versorgen kann. Resilienz beschreibt einen ganzen Katalog von Möglichkeiten und Kompetenzen, die genau diesem Zweck dienen. Menschen mit einer guten Resilienz haben so eine Art Werkzeugkasten oder Rüstzeug, um zuversichtlich, selbstbewusst und vertrauensvoll zu bleiben, egal, durch welch dramatische Gewässer sie auch steuern müssen. Ein gut geübter Selbstzugang ist die Basis dafür.

Auch, wenn das Thema Resilienz als solches ein ganzes Buch füllen könnte, sei hier kurz angerissen, was damit gemeint ist und wie man seine eigene Resilienz stärken kann. Wie oben bereits beschrieben, geht es um psychische Widerstandskraft, und diese sollte besser nicht auf einem dünnen, wackeligen Beinchen stehen, sondern auf mehreren Säulen gefestigt und verankert werden, wie zum Beispiel ein lebendiger Freundeskreis, eine gute Familienanbindung, eine optimistische und lösungsorientierte Sichtweise, Toleranz und ein positives Selbstbild. Wer solche Qualitäten von Natur aus mitbringt oder im Laufe seines Lebens erwirbt, kann sich wohl als glücklicher Mensch ansehen. Möchte ich damit beginnen, mir eine stärkere Resilienz aufzubauen, sollte ich zunächst versuchen, auf die Aspekte zu schauen und Einfluss auf diese zu nehmen, die nur mich selbst betreffen, nämlich Toleranz und mein Selbstbild. Dafür muss ich mich, vielleicht das erste Mal oder wieder neu, kennenlernen und erforschen. In ihrem Buch „Finde zu dir selbst zurück“ definiert die Ärztin Mirriam Prieß ganz konkret und leicht nachvollziehbar sechs Lebensbereiche, die man dabei für sich unter die Lupe nehmen kann.

Sie schlägt vor, diese Lebensbereiche Schritt für Schritt zu betrachten und zu hinterfragen, ob sie für einen stimmig sind, ob sie so aussehen, wie man sie sich wünscht beziehungsweise ob sie so sind, dass man sich mit ihnen identifizieren kann. Wenn das nicht der Fall ist, fühlen Sie sich aufgefordert, Veränderungen anzustoßen. Prieß benennt folgende Themen:

Partnerschaft

Wünschen Sie sich eine Beziehung oder Partnerschaft, obwohl Sie keine haben oder auch umgekehrt? Wenn Sie in einer Beziehung leben, empfinden Sie diese als erfüllt und ausgeglichen? Erleben Sie sich mit Ihrem Partner/Ihrer Partnerin auf Augenhöhe oder stellen Sie Ihre Bedürfnisse ihm/ihr zuliebe zu oft zurück beziehungsweise sprechen Sie Ihre Wünsche überhaupt aus oder hoffen Sie im Stillen, dass Ihr Partner/Ihre Partnerin diese errät? Wie sieht es insgesamt mir der Kommunikation aus? Hören Sie einander wirklich interessiert zu und teilen Sie sich mit? Haben Sie eine gute Streitkultur und versuchen nicht, Konflikte um jeden Preis zu vermeiden?

Glaube und Spiritualität

Auch, wenn man sich in keiner Religion wiederfindet, kann eine gewisse Gläubigkeit in etwas Übergeordnetes, Ganzheitliches einem dennoch Halt geben, entweder, weil es etwas ist, das man mit anderen teilen kann, oder vielleicht auch, weil man dadurch sein Kontrollbedürfnis besser loslassen kann. Die meisten Dinge im Leben folgen einer ganz eigenen Dynamik, auf die wir weniger Einfluss haben, als wir es uns wünschen würden. Das verursacht oft diffuse Ängste. Spiritualität kann einem das Vertrauen geben, sein Schicksal anzunehmen und für gut zu befinden, so wie es ist. Darüber hinaus können Rituale, wie beispielsweise gemeinsame Gebete, Meditationen und Feiern, Struktur und Sicherheit vermitteln.

Soziale Kontakte

Es ist klar, dass einem kaum etwas so viel Rückhalt gibt wie Freundschaften oder gute Netzwerke. Dazu zählt natürlich auch die eigene Familie. Menschen, die einem nahe stehen, können einem nicht nur Mut zusprechen und ganz konkret in Notsituationen helfen, sondern eventuell auch die eigene, möglicherweise verzerrte Perspektive spiegeln und sie relativieren. Regelmäßig in Gemeinschaft verbrachte Zeit führt zu mehr Ausgeglichenheit und stärkt das Urvertrauen in die grundsätzliche Verbundenheit mit der Gesellschaft. Das wiederum erhöht das Selbstbewusstsein und festigt somit die innere Stabilität.

Individualität und Hobbys

Dies ist ein wichtiger Punkt, denn in diesem Bereich können Sie sich beweisen, dass Sie auch allein schöpferisch und wirksam sein können. Sie bestätigen sich selbst, versorgen sich also mit emotionaler Zuwendung, anstatt diese im Außen einzufordern und sich abhängig zu machen. Es sei angemerkt, dass sich Hobbys natürlich dennoch hervorragend eignen, sie in Gemeinschaft zu betreiben und den positiven Effekt dadurch sogar noch zu steigern, aber das ist kein Muss. Außerdem kann auch gerade die Zeit mit sich allein eine sehr bereichernde und wertvolle sein, da man ganz bei sich und von niemandem abgelenkt ist. Fragen Sie sich Folgendes: Was bereitet mir intrinsisch Freude, ohne vielleicht sogar einen echten Sinn zu haben? Viel zu viele unserer Tätigkeiten werden nach ihrer Produktivität und Verwertbarkeit beurteilt. Trauen Sie sich einmal, etwas komplett Unnützes zu tun, das kann ungeahnte kreative Kräfte freisetzen. Oder möchten Sie sich doch lieber gemeinsam mit anderen die Zeit vertreiben? Dann verknüpfen Sie gleich mehrere Qualitäten wie die Sicherheit von Ritualen und den Rückhalt aus Netzwerken mit Ihren Hobbys, zum Beispiel in einem Sportverein.

Gesundheit

Seele und Körper hängen zusammen, das ist keine neue Erkenntnis. Kümmern Sie sich ausreichend darum, dass es auch Ihrem Körper gut geht? Hören Sie auf ihn, wenn er Signale wie Müdigkeit oder Erschöpfung sendet und gönnen Sie ihm dann eine Pause oder ignorieren Sie diese Zeichen und überschreiten willentlich die Grenzen Ihrer Leistungsfähigkeit? Verschließen Sie die Augen vor bestimmten Krankheitsrisiken und meiden Vorsorgeuntersuchungen? Haben Sie gar destruktive Angewohnheiten, wie Rauchen, Trinken oder andere Arten von Drogenkonsum? Wenn Sie Ihren Körper akzeptieren und annehmen, gar lieben und gut für ihn sorgen, können Sie dadurch auch der Seele etwas Gutes tun: ein Entspannungsbad, einen Saunagang, eine Massage, vielleicht auch ein liebevoll zubereitetes Essen oder eine genussvolle Sporteinheit.

Beruf

Mindestens die Hälfte unserer aktiven Lebenszeit verbringen wir bei und mit unserer Arbeit. Die Gretchenfrage stellt sich früh und nur für wenige ist sie klar: Was möchte ich werden und was möchte ich sein? Denn nicht zu unerheblichem Teil macht unser Beruf unsere Identität und unser Selbstverständnis aus. Unser alltägliches Tun sollte uns zumindest dann und wann auch Freude bereiten. Dabei kommt es selten auf den Inhalt der beruflichen Tätigkeit an, sondern eher auf die eigene Einstellung dazu. Versuchen Sie, auch Ihrer Arbeit aufrecht und zugewandt zu begegnen, mit Konzentration und Hingabe, anstatt sie als Maloche herunter zu zählen. Dann wird Ihr Tagwerk Sie auch erfüllen. Tut es das nicht, sollte es erlaubt sein, sich die Frage der Berufswahl später erneut zu stellen. Schließlich ändern wir uns ein Leben lang, warum nicht auch das, was wir tun?

Natürlich ist die Aufzählung der einzelnen Felder an dieser Stelle nur eine Benennung von Stichpunkten. Jedes einzelne Feld bedarf der intensiven Vertiefung, aber worum es im Kern geht, wird klar: Die kleinteilige und konkrete Herangehensweise hilft dabei, dass man aus einem diffusen Nicht-Fühlen heraustreten kann, um ganz greifbar im eigenen Tempo und mit den eigenen Prioritäten zu sich zurückzufinden und wieder mit sich und seinen Bedürfnissen in Kontakt zu kommen. Dennoch kann es natürlich eine Lebensaufgabe sein und vielleicht ist es auch vonnöten, sich dafür Hilfe zu holen, denn für viele Menschen, denen Urvertrauen fehlt, gilt die Regel, „Wer sich nicht bewegt, kann keine Fehler machen". Wir bleiben lieber in dem Leid verhaftet, das wir kennen und an das wir gewöhnt sind, als ins Neuland vorzustoßen und dort eine Chance auf Weiterentwicklung und Besserung zu suchen. Was aber ist eigentlich so schlimm daran, Fehler zu machen? Die Antwort darauf führt uns zu einer Motivation, die das Leitmotiv für den Weg der Selbsterforschung sein sollte, egal, welchen Lebensbereich wir gerade anpacken: Akzeptanz.

Der Wert eines Menschen hängt niemals an einer überragenden Leistung oder an einem perfekten Äußeren. Wie wir bereits gesehen haben, sind das meistens Projektionen, hinter denen genau das gegenteilige Bedürfnis steckt: So angenommen zu werden, wie man ist, ohne Bedingungen oder Einschränkungen, mit all seinen Fehlern. Und wenn wir jetzt noch einmal an das Kapitel „Diszipliniert locker bleiben, lachen nicht vergessen" denken, werden wir uns daran erinnern, wie glücklich es machen kann, nicht perfekt zu sein, da es uns die Verbundenheit mit anderen Menschen vor Augen führt, die auch alle Fehler machen. Niemand ist schließlich vollkommen. Versuchen Sie, sich doch einfach einmal vorzunehmen, eine Aufgabe zufriedenstellend zu erfüllen und nicht perfekt. All denjenigen, denen Akzeptanz ein zu großer Schritt zu sein scheint, möchte ich vorschlagen, es zunächst mit Toleranz zu versuchen.

Damit kann man auch sehr gut im Außen beginnen, also bei den anderen, um es zu üben. Toleranz und Akzeptanz sind zwei vorsichtig gewählte Begriffe, denn eigentlich geht es natürlich um die Königsdisziplin Selbstliebe. Michael Ende lässt seinen Hauptcharakter Bastian in dem wundervollen Märchen „Die unendliche Geschichte" viele schwierige Abenteuer auf dem Weg zur Selbstfindung bestehen, bis der Junge schließlich zu einer Erkenntnis gelangt: „Und Freude erfüllte ihn von Kopf bis Fuß, Freude zu leben und Freude, er selbst zu sein. Denn jetzt wusste er wieder, wer er war und wohin er gehörte. Er war neu geboren. Und das Schönste war, dass er jetzt genau der sein wollte, der er war. Wenn er sich unter allen Möglichkeiten eine hätte aussuchen dürfen, er hätte keine andere gewählt. Denn jetzt wusste er: Es gab in der Welt tausend und tausend Formen der Freude, aber im Grunde waren sie alle eine einzige, die Freude, lieben zu können.".

Zum Abschluss dieses Kapitels, aber auch des gesamten ersten Teils dieser Abhandlung hier, noch einmal der Appell: Selbstdisziplin ist eine nützliche sowie trainierbare Fähigkeit und darauf gehen wir im Folgenden auch ein, aber überprüfen Sie gut, wo Sie sie wirklich brauchen und einsetzen wollen. Wenn es Ihnen um das falsche Ziel geht, könnten Sie etwas verpassen, nämlich das Glück des unperfekten Augenblicks. Ich höre nicht das Vogelzwitschern, das sich überraschend aus dem Verkehrslärm erhebt, weil ich von einer roten Ampel genervt bin, die mich ausbremst, als ich unter Zeitdruck auf dem Weg zu meinem nächsten Geschäftstermin bin. Ich lehne das Mittagessen mit Freunden ab und schlinge eine Tütensuppe herunter, weil ich mich nicht von meiner Arbeit lösen kann, in der Hoffnung auf eine Anerkennung, in der ich fälschlicherweise Zuwendung ersehne.

Finden Sie Ihre persönliche Balance zwischen einer Herausforderung, an der Sie wachsen können, und einer wohlwollenden Akzeptanz des eigenen Selbst. Machen Sie sich gern den Titel eines Buches von Stefanie Stahl zum Leitsatz: So bin ich eben!

Ran an den Speck, so schaffen Sie es!

Jetzt haben wir gelernt, zu unterscheiden beziehungsweise wahrzunehmen, an welcher Stelle wir uns darauf konzentrieren, lediglich unser Verhalten zu beeinflussen, um ein bestimmtes Ziel zu erreichen, und an welcher Stelle wir vielleicht tiefer in uns forschen sollten. Greifen wir das Eingangszitat zu diesem Buch auf, können wir sagen: Wer sich anmaßt, das Leben beherrschen zu wollen, und dabei unflexibel und intolerant bleibt, wird leider schnell auf die Nase fallen.

In diesem Abschnitt bleiben wir bei den sinnhaften und nachvollziehbaren Unternehmungen und suchen uns Werkzeuge zusammen, um diese Vorhaben fokussiert, aber auch ein bisschen gewitzt und erfinderisch umzusetzen. Lassen Sie uns als Beispiel hierfür noch einmal auf die Typen nach Stefanie Stahl zurückkommen. Danach könnte man oberflächlich betrachtet davon ausgehen, dass Menschen, die gemäß ihrer Veranlagung organisiert an eine Sache herangehen und ihr Umfeld konkret wahrnehmen, per se einen Vorteil in Bezug auf Selbstdisziplin haben, weil es ihnen leichter fällt, einen strukturierten Plan abzuarbeiten, und weil sie nicht gelähmt im Konzept „hängen bleiben", wie es vielleicht den Abstrakten passieren kann.

Mechanisch betrachtet mag das auch so sein, es kommt aber dabei auf die Frage an, wer genau sich welches Ziel vornimmt und ob jemand erkennt, in welcher Situation er sich selbst aufgrund seiner Veranlagung ein wenig austricksen muss, oder ob er immer wieder blind in seine Widerstände rennt. Nehmen wir an, Julia und Hendrik wollen beide gern mehr Sport treiben. Im Gegensatz zu Hendrik, in diesem Beispiel unser introvertierter konkreter und organisierter Denkentscheider, ist Julia eher extrovertiert, chaotisch und abstrakt und folgt in fast allem ihrem

Bauchgefühl. Hendrik fällt es leicht, sich vorzunehmen, jeden Morgen um Punkt sieben Uhr sechs Kilometer im nahegelegenen Park zu joggen. Er braucht darüber nicht nachdenken, kann sich seinen Wecker stellen und muss auf niemanden sonst Rücksicht nehmen. Das kommt seinem Naturell entgegen. Hat er diesen Plan erst einmal gefasst und abgewogen, stellt er ihn auch nicht mehr infrage, er zieht ihn durch. Julia bräuchte das wohl gar nicht erst versuchen. Wahrscheinlich würde sie verschlafen, hätte sich vorher keine Strecke überlegt und fände allein joggen an sich auch ziemlich langweilig. Sie meldet sich im Fitness-Center zusammen mit ihrer besten Freundin Nina zu einem Jazzdance-Kurs an. So verbindet sie ihre Freude an Musik und Tanz mit dem Bedürfnis nach Austausch. Außerdem bittet sie Nina, ihr vor jedem Termin kurz eine Nachricht auf das Handy zu schicken, falls sie die Verabredung einmal vergessen sollte. Da Julia und Hendrik ihre Stärken und Schwächen kennen und akzeptieren, bekommen sie beide mehr Bewegung, aber eben auf ganz individuelle Art, ohne in entmutigende Kreisläufe von ständigem Scheitern zu geraten.

Natürlich hat man diesen Spielraum nicht bei jeder Aufgabe, die es zu erledigen gilt. Manchmal reicht aber schon der neue Blickwinkel, um innerhalb eines straffen Rahmens kleine Tricks zu finden, die einem helfen, das Ziel zumindest in Teilen an seine Eigenarten anzupassen und nicht umgekehrt.

KLEIN ANFANGEN

Warum falscher Ehrgeiz und Perfektionismus keinen Sinn machen, wurde im ersten Teil des Buches bereits ausführlich beleuchtet, und auch im vorausgegangenen Beispiel geht es eigentlich um das gleiche Thema, nämlich darum, realistisch zu bleiben und die Grenzen des Möglichen zu akzeptieren. Der Theologe und Philosoph Reinhold Niebuhr hat dazu eine sehr passende Bitte an seine höchste Instanz formuliert:

„Gott, gib mir die Gelassenheit, Dinge hinzunehmen, die ich nicht ändern kann, den Mut, Dinge zu ändern, die ich ändern kann und die Weisheit, das eine vom anderen zu unterscheiden.".

Eine weitere Geschichte in diesem Zusammenhang mag die Herausforderung noch verdeutlichen: Julia möchte ihrem Freund Hendrik zum Geburtstag das ideale Geschenk machen. Sie möchte etwas finden, das ihn total vom Hocker haut. Leider hat sie anfangs keine konkrete Idee dazu, aber noch ist aus ihrer Sicht genug Zeit. Julia hat im Laufe der nächsten Tage immer wieder ganz schöne Einfälle, entscheidet sich aber gegen jeden einzelnen, weil sie ihr alle nicht perfekt und prächtig genug erscheinen. Am Vorabend des Geburtstages ist Julia, wir erinnern uns an ihr unstrukturiertes Wesen, dann plötzlich völlig überrascht, dass sie immer noch mit leeren Händen dasteht.

Jetzt ist sie unter enormem Druck, rennt gestresst von Laden zu Laden, bis beinahe alle schon geschlossen haben. Schließlich fast schon in Panik, kauft sie das Nächstbeste, das sie im letzten Geschäft findet: ein Paar Socken. Diese Wahl ist viel unpersönlicher als alle Varianten, die sie sich zuvor überlegt und dann doch verworfen hatte. Zu allem Überfluss ist Hendrik tatsächlich ein wenig enttäuscht, da er die Gabe falsch interpretiert. Er denkt nun, dass er Julia nicht besonders viel bedeutet, dass sie sich für ihn keine besondere Mühe machen wollte und dass sie aus diesem Grund gedankenlos irgendetwas für ihn ausgesucht hat. Hoffentlich sprechen die beiden miteinander darüber.

Wir lernen daraus, bei unserer Zielsetzung lieber am Boden der Tatsachen zu bleiben und uns keine unmöglichen Dinge vorzunehmen. Justieren Sie Ihren Anspruch neu – von perfekt auf gut genug. Wenn dieser permanente Druck von Ihnen abfällt, könnte das Ergebnis Sie möglicherweise sogar überraschen, da ganz neue Energien freigesetzt werden. Und noch ein weiterer Aspekt ist wichtig, mit dem wir uns nun genauer befassen wollen: Ist die ganze Aufgabe zu groß, spalten Sie diese auf und arbeiten Sie sie Stück für Stück ab.

Oft gehen wir eine Sache von der negativen Seite an und legen die Betonung auf das, was wir alles nicht schaffen oder können und auch darauf, warum das so ist. Wir haben keine Schwierigkeiten, dafür wirklich viele plausible Erklärungen und Ausreden zu finden. So verfestigen wir aber nur unseren Widerstand. Üben Sie, diese Sichtweise bewusst zu hinterfragen und zu verändern. Anstatt zu wiederholen, was alles NICHT geht, stellen Sie sich also die Frage: Was GEHT für mich in diesem Moment? Und was brauche ich dafür jetzt?

Bleiben wir zunächst beim Beispiel Joggen: Das steht schon lange auf Ihrer Agenda. Sie haben sich sogar schon, so wie Hendrik, eine geeignete Laufstrecke dafür herausgesucht. Sie hat satte fünf Kilometer, und weil Sie gern im Grünen Sport treiben möchten, müssen Sie dort ein paar Minuten mit dem Fahrrad hinfahren. Beim ersten Versuch bremst Sie der Klassiker: Ich fange lieber morgen an. Beim zweiten Versuch regnet es. Beim dritten Versuch stehen Sie in tadelloser, nigelnagelneuer Laufkleidung vor dem platten Hinterreifen Ihres Fahrrads. Beim vierten Versuch klappt alles, Sie geraten jedoch nach einem Kilometer aus der Puste und die Motivation ist im Keller… Nach so vielen Anläufen hat sich jetzt schon ohne jeden weiteren Grund ein Unwille aufgebaut und der Gedanke fängt an, sich zu manifestieren: Joggen ist eigentlich doch nicht der richtige Sport für mich. Was aber würde passieren, wenn Sie diese Variante wählen: In dem Moment, in dem Sie die Idee haben, regelmäßig zu laufen, stehen Sie auf und tun es – zu Ihrer Lieblingsmusik drei Runden barfuß durch die Wohnung laufen, noch dazu müssen Sie ein bisschen über sich lachen, was immer sehr gesund ist, Haken dahinter! Und noch in der leichten und gehobenen Stimmung schauen, was als Nächstes gehen könnte.

Bevor Sie sich aber gleich mit einer anvisierten Steigerung unter Stress setzen und sich die Laune verderben, laufen Sie lieber weiter durch Ihre Wohnung. Wenn dann der Zeitpunkt stimmt, traben Sie eines Morgens die 200 Meter zum Bäcker, anstatt sie zu gehen. Haken dahinter! Das heißt für das Gehirn übrigens Belohnung! Für diese ersten beiden spielerischen Entscheidungen brauchten Sie keine umständlichen Voraussetzungen, wie neue Schuhe, die richtige Strecke oder das passende Wetter, und trotzdem haben Sie etwas ganz Wichtiges verändert: Sie haben gehandelt und etwas anders gemacht als sonst, und auch, wenn es Ihnen vielleicht lächerlich vorkommt, haben Sie ein Muster durchbrochen, und das auch noch mit Spaß bei der Sache und ohne Druck oder das lauernde schlechte Gewissen im Rücken, falls Sie wieder versagen sollten. Auf diese Weise haben Sie außerdem vermieden, durch eine ständige Negativ-Betonung Ihren Selbstwert zu schwächen.

Wie geht das? Ganz einfach, Sie haben den Anspruch klein gehalten. Im Übrigen wollen Sie jetzt weiter machen, denn Sie sind intrinsisch motiviert. Es wird eine Runde um den Block, bevor es zum Bäcker geht. Die Puste ist jetzt auch schon besser, also drei Mal einfach das gleiche Pensum wiederholen. Dann einmal keine Lust gehabt, macht aber nichts, denn das können Sie sich jetzt ganz leicht verzeihen. Zufällig ist am Abend richtig schönes Wetter. Jetzt nehmen Sie spontan und ganz ungeplant die Laufschuhe und joggen (ohne Fahrrad) in Richtung Park. Und so weiter. Der Trick neben dem fehlenden Erwartungsdruck ist, dass Sie die positiven Erfahrungen kumulieren und verfestigen. Umgehen Sie von Anfang an die Negativ-Spirale, indem Sie häppchenweise vorgehen und sich immer fragen, was benötige ich, um JETZT anzufangen? What CAN I do? Stellen Sie keine Bedingungen auf für morgen. Belohnen und loben Sie sich gedanklich für jeden noch so kleinen Fortschritt, indem Sie sich Ihre positive Entwicklung bewusst vor Augen halten. Bleiben Sie dabei fröhlich und sich selbst gegenüber großzügig. Stellen wir uns ein paar weitere Situationen vor, damit es noch klarer wird:

Sie möchten regelmäßig meditieren, um Ihre Konzentration zu

stärken. Suchen Sie nicht als erstes stundenlang nach einer Meditationsgruppe oder App oder nach dem richtigen Buch. Das alles können Sie später immer noch tun. Schließen Sie sofort in diesem Moment die Augen und konzentrieren Sie sich eine Minute auf Ihren Atem. Von draußen dringt störender Straßenlärm herein? Konzentrieren Sie sich darauf und versuchen Sie, ihn neu zu hören, zum Beispiel die einzelnen Töne darin, und nicht die Geräusche wie gewohnt als störend zu bewerten.

Sie möchten sich gesünder ernähren? Beginnen Sie nicht damit, einen umfangreichen Ernährungsplan zu erstellen, für den Sie erst einmal einen Großeinkauf machen müssten. Essen Sie heute ein Stück Obst oder Gemüse mehr, als Sie es sonst tun würden. Morgen lassen Sie außerdem die zweite Tasse Kaffee zum Frühstück weg und ersetzen sie durch einen Früchtetee.

Sie möchten mehr an der frischen Luft unternehmen? Dann stehen Sie jetzt auf, öffnen Sie das Fenster und nehmen Sie ein paar tiefe Atemzüge. Das mag vielleicht albern klingen, aber allein die neue Aktion bewirkt viel mehr Veränderung, als man vermuten würde. Selbst, wenn Sie darüber schmunzeln müssen, sind Sie jetzt plötzlich offener und motivierter, mit dem nächsten Schritt weiter zu machen, beispielsweise mit einem Spaziergang in der Mittagspause, oder Sie steigen für kleinere Strecken nicht mehr ins Auto, sondern nehmen wieder einmal das Fahrrad.

Sicher gibt es auch Herausforderungen, bei denen die Hürde größer ist, den kleinen Anfang für das Hier und Jetzt zu finden, zum Beispiel, mit dem Rauchen aufzuhören oder vielleicht eine Hausarbeit fertig zu schreiben. In diesem Fall können eventuell bestimmte Methoden helfen, die in ihrer Ansprache auf charakteristische Schwierigkeiten bestimmter Aufgabenstellungen eingehen. Auf einige solcher spezifischen Ansätze und Techniken, die oft in der Verhaltenspsychologie verankert sind, werden wir am Ende des zweiten Teils näher eingehen. Um jedoch diesen Teil abzuschließen, hören wir noch einmal einer Romanfigur aus dem Kinderbuch Momo zu, das ebenfalls von dem wunderbaren Michael Ende geschrieben wurde. Beppo, der Straßenkehrer, hat nämlich auch etwas zu unserem Thema beizutragen:

„Manchmal hat man eine sehr lange Straße vor sich. Man denkt, die ist so schrecklich lang; das kann man niemals schaffen, denkt man. Und dann fängt man an, sich zu eilen. Und man eilt sich immer mehr. Jedes Mal, wenn man aufblickt, sieht man, dass es gar nicht weniger wird, was noch vor einem liegt. Und man strengt sich noch mehr an, man kriegt es mit der Angst zu tun und zum Schluss ist man ganz außer Puste und kann nicht mehr. Und die Straße liegt immer noch vor einem. So darf man es nicht machen. Man darf nie an die ganze Straße auf einmal denken, verstehst du? Man muss immer nur an den nächsten Schritt denken, an den nächsten Atemzug, an den nächsten Besenstrich. Dann macht es Freude; das ist wichtig, dann macht man seine Sache gut. Und so soll es sein. Auf einmal merkt man, dass man Schritt für Schritt die ganze Straße gemacht hat. Man hat gar nicht gemerkt wie, und man ist nicht außer Puste. Das ist wichtig.".

BLEIBEN SIE DRAN

Die ersten Schritte sind nun geschafft. Aus dem Samenkorn lugt ein feines Pflänzchen hervor, aber es ist noch zart. In der Phase danach gilt es, unsere Routinen genauer anzuschauen und möglicherweise zu verändern oder anzupassen. Im Grunde müssen wir also vertiefen und verfestigen, womit wir begonnen haben. Menschen sind Gewohnheitstiere, und das hat, bezogen auf die Gehirnleistung betrachtet, einen einfachen Grund: Müsste man im Alltag ständig jede noch so kleine Handlungsentscheidung neu hinterfragen und überprüfen, würde das enorm viel Energie kosten und man würde mit gar nichts so richtig „zu Potte" kommen. Das heißt, wenn wir einmal etwas abgewogen und bewertet haben, wird es als fertig und abgeschlossen in der Speicherschublade abgelegt und wir agieren danach, ohne es weiter infrage zu stellen. Dies gilt in der Masse vor allem auch für Alltägliches, wie zum Beispiel Zähne putzen, Frühstücken, der Weg zur Arbeit, der übliche Einkauf und so weiter. Auch solche Verknüpfungen könnte man als „Gehirnautobahnen" bezeichnen, auf denen wir schnell durch unser Tagwerk kommen, ohne dass wir uns weiter Gedanken über den Weg, die Geschwindigkeit oder sonstige Unwägbarkeiten machen müssen. Nichts anderes sind Gewohnheiten, also Verhaltensmuster, für die wir uns einmal entschieden und die wir als „fertig gedacht" abgespeichert haben. Durch ständiges Wiederholen wurden sie eingeübt und vertieft. Sie funktionieren jetzt wie im Schlaf. Nun wollen wir uns jedoch aufwecken und uns dazu animieren, stattdessen nicht nur die Landstraße zu benutzen, sondern vielleicht sogar off road durch vollkommen unbekanntes Terrain zu rumpeln, und zwar so lange, bis eine neue attraktive Fahrbahn entstanden ist. Da liegt noch Arbeit vor uns. Wir wollen sie uns leicht machen und am Weg des geringsten Widerstandes dranbleiben. Dafür bekommen Sie nun ein paar Tipps, die sich auf viele Bereiche anwenden lassen:

Altes mit Neuem verbinden

Das könnten wir zum Beispiel tun, indem wir neue Wunschgewohnheiten an alte anbinden, die bereits eingeübt sind, oder sogar genau an diejenigen, die wir uns gern austreiben wollen. Erinnern wir uns an den Gang zum Bäcker, der zur kleinen Laufrunde wurde, aus dem vorigen Kapitel. Wenn Sie zum Beispiel eine neue Sprache lernen möchten, legen Sie sich das Vokabelheft auf den Nachttisch anstelle des obligatorischen Buches. Ab jetzt lesen Sie vor dem Einschlafen nicht mehr in einem Roman, sondern lernen fleißig noch ein paar neue Wörter. Sie möchten weniger Süßigkeiten essen?

Platzieren Sie diese nicht an ihrem üblichen Platz, der Ihnen schon das Wasser im Munde hervorlockt, wenn Sie nur davorstehen, sondern legen Sie das Naschwerk in die Obstschale und erlauben Sie sich, erst etwas davon zu nehmen, wenn Sie vorher einen Apfel oder eine Birne gegessen haben. Vielleicht haben Sie danach gar keine Lust mehr auf ein Stück Schokolade. Überlisten Sie sich auf diese Art und Weise immer wieder selbst. Fragen Sie sich, was Ihnen Spaß macht, warum Ihnen manche Dinge leichtfallen und ob Sie der neuen Aufgabe nicht eine Prise davon unterjubeln können. Auch hier können wir auf das vorausgegangene Beispiel von Julia zurückgreifen, die ihre Leidenschaft für Musik und Tanz mit dem Ziel verbindet, mehr Sport zu treiben. Darüber hinaus steigert sie ihre Motivation dadurch, dass sie sich zum Sport mit ihrer Freundin Nina verabredet, denn Julia liebt es, sich mit Nina über den neuesten Klatsch und Tratsch auszutauschen. Wie sieht es bei Ihnen aus? Ihr Ziel ist es, sich gesünder zu ernähren, und gleichzeitig verbringen Sie gern Zeit im Grünen?

Bauen Sie Ihr eigenes Gemüse an. Dafür braucht man heutzutage nicht einmal einen Balkon oder Garten. In vielen Städten können Sie sich eine Grünfläche oder ein Beet mit anderen Menschen teilen. Das hat dann außerdem den Vorteil, dass der Aufwand überschaubar bleibt. Wenn das aber bereits eine zu große Hürde ist, beginnen Sie in der eigenen Küche, indem Sie dort eine Sammlung an frischen Kräutern ziehen, pflegen und dann direkt verkochen. Sie schauen gern fern, sollten Ihrer Meinung nach aber eigentlich mehr Zeit mit Freunden verbringen? Mit diesem Vorsatz stehen Sie in Ihrem Freundeskreis sicher nicht allein da. Gehen Sie Ihre Schwäche offensiv an und laden Sie sich für den Anfang jemanden zum gemeinsamen Zappen ein. Das könnte zu zweit sogar eine amüsante Spielerei werden und der Einladung haftet nicht der Anspruch an einen klassischen Filmabend an. Das könnte Sie schließlich auch schon daran hindern, sich Gesellschaft ins Haus zu holen. Mit dem Dresscode Jogginghose machen Sie sich einen Spaß daraus, dass Sie beide das Dasein als „Couch-Potato“ einem Club-, Kino- oder Konzertabend in illustrer Begleitung vorziehen.

Belohnungsfantasie

Belohnen statt verbieten ist eines der ältesten und wirksamsten Mittel, um sich selbst erfolgreich zu „dressieren", und wenn man es genau nimmt, steckt auch dahinter das Prinzip positiv anstatt negativ. Was das betrifft, hat sich unser Gehirn anscheinend noch nicht viel weiterentwickelt als dasjenige von Tieren. Man muss sich nur einmal eine Seehund-Show im Zoo vorstellen, in der auf jedes gelungene Kunststückchen der Tiere ein leckerer Hering folgt. Sie sind darauf konditioniert. Fragen Sie sich also, was für Sie ein unwiderstehliches Schmankerl wäre, im übertragenen Sinne natürlich, das in Ihnen ungeahnte Kräfte mobilisieren könnte, wenn es Ihnen als Belohnung in Aussicht gestellt wird, und zwar sowohl in der Realität als auch in der Vorstellung.

Das Erste ist einfach: Angenommen, Sie haben es geschafft, seit vier Wochen regelmäßig Sport zu treiben, dann gönnen Sie sich nun vielleicht eine Wellness-Massage, ein hübsches neues T-Shirt oder einen Wochenendausflug. Die Imagination hingegen wird zwar ein klein wenig mühsamer, es funktioniert aber trotzdem ohne Einschränkung, denn das Gehirn unterscheidet nicht zwangsläufig zwischen Fantasie und Wirklichkeit. Es speichert ab, wie sich eine bestimmte Situation anfühlt, und diese Erfahrung bleibt dann für uns sehr plastisch abrufbar, bis hin zu konkreten Körperreaktionen. Das Fühlen, und zwar auf so vielen Ebenen und mit so vielen Sinnen wie möglich, ist dabei das Entscheidende.

Man spricht bei diesem Ansatz von mentalem Training, welches schon lange aus der esoterischen Grauzone herausgetreten ist. Vor allem im Leistungssport wird das mentale Training bereits seit längerer Zeit mit dem physischen Training kombiniert. In mehreren Studien konnte der Effekt dieses Ansatzes nachgewiesen werden. So warfen beispielsweise in einem Experiment in den USA 2008 Basketballer, die sich den präzisen Bewegungsablauf ihrer Würfe zusätzlich zu ihren konventionellen Übungseinheiten auch immer wieder vorgestellt hatten, deutlich mehr Körbe als die Sportler in der Vergleichsgruppe. Neurologen können mittlerweile anhand von Hirnscans zeigen, dass sowohl bei der real ausgeführten Handlung als auch bei der bloßen Vorstellung davon die gleichen Bereiche im Gehirn stimuliert werden, wenn auch in unterschiedlicher Ausprägung.

In der konkreten Anwendung zeigt sich jedoch auch, dass es wirklich wichtig ist, sich auf die Details seiner Gedanken zu konzentrieren und nicht einfach „vor sich hin zu träumen", sonst hat das mentale Training keinen Effekt. Die Vorstellung sollte im wahrsten Sinne des Wortes der Realität nachspüren. Stellen Sie sich also Ihre Premium-Belohnung in den schönsten Farben vor und übertreiben Sie dabei ruhig. Bleiben wir beim Beispiel Sport. Um sich zu motivieren, malen Sie sich aus, wie sich Ihr Körper anfühlen wird, wenn Sie ihn eine Weile regelmäßig trainiert haben, wie geschmeidig und gestählt er ist. Gehen Sie in die Empfindung hinein und kreieren Sie Ihr persönliches Kopfkino. Das schalten Sie dann immer ein, wenn es kritisch wird mit dem Schweinehund. Ihr gedankliches Bild muss positiv emotional aufgeladen sein, je stärker, desto verlockender, denn Gefühle schlagen den Verstand, logischerweise mindestens bei Triebhandlungen wie Bewegung oder Essen. Um die richtigen Imaginationen zu finden, stellen Sie sich ganz einfach die Frage: Woran würde ich merken, dass ich durchgehalten habe und dass sich die Veränderung einstellt, die ich mir gewünscht habe? Die Antwort darauf wird Sie in Ihre eigene kleine Belohnungs-Vision führen. Machen Sie sich die Kraft Ihrer Gedanken zunutze.

Timing, Typus, Biorhythmus

Dass bestimmte Fähigkeiten in unserer Natur liegen und andere weniger, haben wir im Kapitel „Ist Selbstdisziplin angeboren?" bereits umrissen. Gerade in der Anfangsphase, wenn wir Gewohnheiten ändern wollen, kann es ausgesprochen hilfreich sein, seine genetisch bedingten Neigungen gut zu kennen. Ein konkretes Beispiel, in dem das deutlich wird, wurde im Eingangstext zum zweiten Teil dieses Buches ja bereits beschrieben: Hendrik und Julia gehen auf sehr unterschiedliche Art das gleiche Ziel an, nämlich, mehr Sport zu treiben. Dieser Punkt ist jedoch einen genaueren Blick wert und knüpft ein wenig an die Idee an, bereits eingeübte Verhaltensweisen mit angestrebten neuen zu kombinieren, um sich das Gewohnte zunutze zu machen oder es auf diese Art sogar zu unterwandern. Fragen Sie sich also: Welche Routinen habe ich überhaupt? Wie ist mein Tagesrhythmus? Was macht mir im Alltäglichen Spaß, was fällt mir leicht und warum? Ein interessantes Thema ist diesbezüglich die persönliche Leistungsfähigkeit im Verlauf des Tages, der Biorhythmus. Sind Sie eher eine Lerche, das heißt, stehen Sie sehr gern früh auf und starten schon mit dem Sonnenaufgang schwungvoller und energetisch in den Tag?

Dann versuchen Sie, das auszunutzen und neue herausfordernde Aufgaben, die Sie in Routinen umwandeln möchten, gleich am Morgen zu erledigen. Andersherum sollte es die Eule oder die Nachtigall angehen. Diese Menschen leben erst nach Einbruch der Dunkelheit so richtig auf. Sie haben ihre Hochphase, wenn andere bereits tief in ihren Träumen schlummern. Oft mögen sie auch die Stille der Nacht, weil sie dann durch nichts mehr abgelenkt werden und sich besonders gut konzentrieren können. Ein Nachteil für viele Nachteulen ist, dass sie zwangsläufig auch Morgenmuffel sind. Der yogische Sonnengruß im Morgengrauen wäre für sie höchstens das Richtige, wenn sie die Nacht davor durchgemacht hätten. Auch, wenn dieser Rhythmus sicher der unkonventionellere ist, versuchen Sie trotzdem, ihm Rechnung zu tragen, so gut es geht, aber nur dann, wenn Sie als Ausgleich dafür am Tag auch Ruhezeiten einlegen können.

Die Komponente des persönlichen Biorhythmus ist nur ein Teil der unterstützenden Zeitgestaltung. Timing kann generell ein hilfreiches Mittel sein, um sich selbst bei der Umsetzung von Veränderungen zuzuarbeiten. Eine halbwegs realistische Einschätzung des eigenen Tagespensums sowie das Einplanen von Pausen tragen dazu bei, dass man weniger gestresst ist und somit belastungsfähig bleibt. Wenn Sie sich hier regelmäßig verschätzen, werden Sie unter dem Druck der unerledigten Aufgaben oder aus Erschöpfung immer als Erstes die neuen Anforderungen, eben das Ungewohnte, über Bord werfen, da dieses Verhalten noch am wenigsten verankert ist und die meiste Aufmerksamkeit und Energie von Ihnen fordert. Im nächsten Kapitel „Reine Übungssache" werden wir dies noch deutlicher herausarbeiten.

Fokus auf das Positive

Gerade, weil wir häufig dünnhäutiger sind, wenn wir alte, vielleicht sogar schädliche, aber dennoch bequeme oder lieb gewonnene Gewohnheiten durchbrechen wollen, sollten wir uns immer wieder daran erinnern, was wir im Leben schon alles geschafft haben, worin wir (von Natur aus) gut und begabt sind und was uns Freude bereitet. Es ist eine schöne Idee, darüber eventuell sogar ein Tagebuch zu führen, denn das können wir dann zur Hand nehmen, wenn wir besonders entmutigt oder gar kurz vor dem Aufgeben sind. Suchen Sie sich dafür ein hübsches und handliches Notizheft in einem Format, das Sie auch gut mitnehmen können. Seine Gedanken darin handschriftlich festzuhalten, ist natürlich besonders sinnlich. Wenn es Ihnen aber eher liegt, Ihr Tagebuch digital zu führen, beispielsweise, weil Sie Ihren Laptop ohnehin immer dabei haben, können Sie das natürlich auch tun.

Das Konzept, sich auf das Erfreuliche, Bejahende und Zugewandte zu konzentrieren, stammt aus der positiven Psychologie und macht sich zunutze, dass wir unser Leben letztlich so wahrnehmen, wie wir es selbst in unserer Vorstellung beurteilen. Es gibt keine objektive Realität und wir können tatsächlich üben, uns selbst davon zu überzeugen, dass wir eigentlich doch ganz gut dran, vielleicht sogar schon ein bisschen zufrieden und glücklich sind. Diese Basis kann uns jederzeit aufmuntern,

Trost spenden und uns somit motivieren, nicht aufzugeben oder zumindest dazu, einen Rückschlag oder Hänger nicht überzubewerten.

Sprechen Sie darüber

Dieser Punkt kann durchaus zweischneidig sein, also entscheiden Sie für sich, ob er Ihnen helfen könnte oder ob er eher das Gegenteil bewirkt. Es ist klar, dass sich der Erfolgsdruck erhöhen kann, wenn Sie anderen Menschen mitteilen, was Sie vorhaben, denn diese werden möglicherweise nachfragen und sich erkundigen, wie es so läuft. Das kann für manche so viel Stress bedeuten, dass sie ihre Unternehmung dadurch mehr gefährden als fördern. Gerade aber den Extrovertierten unter uns kann das Teilen einen starken Rückhalt geben, erst recht dann, wenn wir dafür nur Personen unseres Vertrauens auswählen. Natürlich geht es vor allem darum, Zuspruch und Ermutigung zu bekommen, aber auch eine relativierende Perspektive von außen kann uns dabei unterstützen, durchzuhalten.

Haben Sie zum Beispiel während einer Diät „gesündigt" oder einen Sporttermin geschwänzt, und nun plagt Sie das schlechte Gewissen, ist es sicher hilfreich, wenn uns ein Freund oder eine Freundin darin bestärkt, trotzdem weiter zu machen, das eine Tief nicht zu wichtig zu nehmen und den Fokus wieder auf das Positive, vielleicht sogar auf das bereits Erreichte zu richten. Wenn Sie darüber hinaus sogar andere Menschen finden, die sich dasselbe Ziel vorgenommen haben wie Sie selbst, könnten Sie sich in der Gemeinsamkeit verbünden, so wie im vorausgegangenen Teil des Buches Julia, die sich zusammen mit ihrer Freundin Nina im Fitnesscenter anmeldet. Auf diese Weise erhöhen Sie nicht nur die Wahrscheinlichkeit, Ihre Termine einzuhalten, Sie können sich auch in der Zeit dazwischen immer wieder gegenseitig anspornen, indem Sie sich über kleine Erfolge, Misserfolge, Ideen oder auch konkrete Schwierigkeiten austauschen.

Möglicherweise ist es lohnenswert, je nachdem, was Sie beabsichtigen, sich einmal in den lokalen Netzwerken umzuschauen. Plattformen wie Facebook oder andere Social-Media-Dienste bieten sich da an, aber auch Stadtmagazine oder Wochenzeitungen mit Kleinanzeigen beinhalten meistens Kategorien wie Hobbys, Sport und Ähnliches. Oftmals finden sich dort bereits bestehende Gruppen oder auch einzelne Gleichgesinnte, denen Sie sich anschließen können.

ÜBEN UND ACHTSAM SEIN

Um langfristig an unseren Vorsätzen festzuhalten, brauchen wir Durchhaltevermögen. Dabei werden zwei wichtige Eigenschaften auf die Probe gestellt, Willenskraft und Geduld. Nun haben wir ja im ersten Teil des Buches bereits erfahren, dass wir in Bezug auf diese beiden Eigenschaften durchaus schon frühzeitig gehandicapt sein können. Lassen wir den Gedanken noch einmal Revue passieren: Eine der Ursachen für notorische Ungeduld kann gegebenenfalls in einer frühkindlichen unsicheren Elternbindung wurzeln, die in der Folge zu einem mangelnden Urvertrauen geführt haben mag. Das heißt, wir zweifeln unterbewusst daran, dass wir stets gut mit allem versorgt werden, was wir für unsere Seele brauchen, im schlimmsten Fall zweifeln wir sogar daran, diese Versorgung überhaupt zu verdienen. Damit zusammen hängt jedoch auch immer, dass es uns schwerfällt, auf etwas zu warten. Wenn wir uns eingestanden haben, dass es nun einmal so ist, können wir auch damit beginnen, uns in Geduld zu üben. Schließlich haben wir über diese Erkenntnis hinaus außerdem gelernt, dass wir unser Gehirn ein Leben lang beeinflussen und seine Strukturen zu unseren Gunsten verändern können. Los geht‘s!

Geduldiger durch Meditation

Vielleicht bürden Sie sich durch diesen Rat noch eine weitere neue

Herausforderung auf oder es ist Ihre erste Aufgabe, um sich auf systematische und neue Art in Selbstdisziplin zu trainieren. In jedem Fall aber lohnt es sich, es einmal mit Meditation zu probieren, denn ihr Effekt ist sogar neurologisch nachweisbar. Wir programmieren aktiv unser Gehirn um. In einer Studie, die sich mit einer bestimmten Meditationstechnik befasste – „Mindfulness-Based-Stress-Reduction", was so viel heißt wie „Stressbewältigung durch Achtsamkeit" -, wurden die TeilnehmerInnen vor und nach dem Untersuchungszeitraum einem Gehirnscan unterzogen, natürlich ebenso wie eine Vergleichsgruppe, die nicht meditierte. Die TeilnehmerInnen gaben an, nach den acht Wochen regelmäßigen Trainings besser mit Stress umgehen zu können. Tatsächlich stellte sich heraus, dass sich die Areale im Gehirn, die für Selbstwahrnehmung und Mitgefühl zuständig sind, verdichtet hatten, im Gegensatz zu denen, die für die Empfindung und Verarbeitung von Stress und Angst wichtig sind. Was genau aber tun wir, wenn wir meditieren? Im Wesentlichen geht es immer darum, sich aus seinem Gedankenkarussell zu befreien und sich stattdessen auf das Hier und Jetzt zu fokussieren. Um das auszuprobieren, brauchen Sie nichts anderes als Ihren Körper, denn das Einfachste ist es, den eigenen Atem zum Gegenstand der Übung zu machen.

Beobachten Sie ihn, nehmen Sie wahr, wie er durch Ihren Körper fließt, was er mit ihm macht. Spüren Sie, wie Ihr Atem den Brustkorb hebt und senkt und danach die Bauchdecke. Fühlen Sie, ob Sie genauso lange einatmen, wie Sie ausatmen, oder ob es unausgeglichen ist. Nehmen Sie nur wahr, bewerten Sie nicht. Wenn Sie sich auch nur eine Minute Zeit nehmen, werden Sie sich darüber wundern, wie lang und erfüllt Ihnen diese Minute vorkommt, eine Zeitspanne, die ob ihrer vermeintlichen Kürze in unseren Plänen sonst gar keine Beachtung findet. Solche oder ähnliche Übungen können Sie jederzeit machen und an jedem Ort, ob im Bus, im Wartezimmer, in der Schlange oder an der

Supermarktkasse, denn eines sollten Sie immer wieder beherzigen: Halten Sie die Hürde niedrig und beschränken Sie sich nicht gleich am Anfang, indem Sie sich zu viel vornehmen.

Tun Sie es zunächst in dem Moment, in dem es Ihnen einfällt. Eine Minute haben Sie immer Zeit. Wenn Sie dann Blut geleckt haben, können Sie natürlich tiefer in die Materie eintauchen, sich angeleitete Meditationen suchen oder eine Gruppe, immer zu einer bestimmten Zeit meditieren, vielleicht hinaus in die Natur gehen und so weiter. Meditieren ist also ein gutes Mittel gegen Anspannung und innere Unruhe sowie gegen subtile Ängste und Nervosität – alles Ursachen oder Begleiterscheinungen von Ungeduld. Nicht nur dieser nachhaltige Ansatz zu tiefen Veränderungen im Gehirn hilft uns, auf lange Sicht besser abwarten zu können, auch die Körperarbeit geht uns dabei zur Hand, denn wie wir wissen, reagieren wir sofort und unbewusst körperlich auf negative Emotionen wie Angst, Wut oder Traurigkeit. Wir atmen schneller, uns wird warm, wir spannen unseren Schultergürtel an und so weiter. Wenn wir uns auf diese konkreten Reaktionen konzentrieren, ihnen nachspüren, kommen wir in Kontakt mit den Gefühlen dahinter und können trainieren, unsere Impulse gezielt zu kontrollieren und zu steuern. Ganz nebenbei lernen wir, uns selbst zu beruhigen.

Willenskraft ist wie ein Muskel

Nicht nur für das Training von Geduld und Konzentrationsfähigkeit, auch für die Stärkung der Willenskraft könnte regelmäßiges Meditieren von Vorteil sein, denn wie wir erfahren haben, erhöht es unsere Stressresistenz. Neben der Verbesserung von Selbstwahrnehmung und Selbstregulation hilft die Meditation, uns besser zu entspannen, da sie unmittelbar – und zwar nachhaltig – auf das vegetative Nervensystem einwirkt. Das heißt, Muskelverspannungen lösen sich, Atem- und Herzrhythmus werden gleichmäßiger, sogar Schmerzen können gelindert werden. Entspannter zu sein beziehungsweise sich gezielt aktiv entspannen zu können, senkt logischerweise den Stresslevel, und das ist wichtig für das Durchhaltevermögen. Stefanie Stahl fasst zu diesem Punkt den Stand der Wissenschaft zusammen: „(...) zahlreiche psychologische Studien (...) belegen, dass der Wille wie eine Art Muskel funktioniert, der sich bei zu starker Belastung auch erschöpfen kann. Das heißt, die Willenskraft ermüdet, je öfter man von ihr Gebrauch machen muss. Wenn man sich also schon den ganzen Tag in Verzicht und Belohnungsaufschub geübt hat, dann schwächelt der Wille gegen Abend.". Sich andauernd Versuchungen auszusetzen, strengt also an und schwächt unsere Willenskraft. Demnach sollte man eher versuchen, sich ein Umfeld zu schaffen, dass einen weniger verführen kann und nicht ständig die eigene Standhaftigkeit strapaziert. Die Psychologin Wendy Woods sagt dazu in einem Interview mit der Zeitschrift Brandeins: „Gewohnheiten entwickeln sich im Zusammenspiel mit der Umgebung, im Büro, in unserer Nachbarschaft, in unserem Zuhause. Diese Umgebungen erinnern uns immer wieder daran, zu essen, zu trinken, zu rauchen oder fernzusehen. Wer dort versucht, seine Gewohnheiten zu ändern, hat es mit einem Ermüdungskampf mit sich selbst, mit dem eigenen Gehirn zu tun.".

Dieser Gedanke knüpft an die Idee an, es sich leicht zu machen, so wie wir es bereits im Abschnitt „Altes mit neuem verbinden" angewendet haben. Sie möchten lieber mehr lesen als fernsehen? Bringen Sie die Flimmerkiste, und wenn es nur zeitweise ist, in den Keller oder, in einer etwas milderen Variante, zumindest in ein Zimmer, in dem Sie sich ungern aufhalten. Sie wollen sich während der Arbeit nicht so oft von Ihren Handy-Nachrichten ablenken lassen? Schalten Sie Ihr Mobiltelefon aus und verstauen Sie es vorübergehend an einem anderen Ort. Wenn es Ihnen schwerfällt, sich zu diesen Schritten zu überwinden, betrachten Sie es zunächst einfach als Experiment, das Sie jederzeit rückgängig machen können, wenn Sie wollen.

An seinem Durchhaltevermögen zu arbeiten, indem man die eigene

Stressresistenz und Geduld trainiert und sich zugleich eine unterstützende Umgebung schafft, lohnt sich, denn viele Beispiele zeigen, dass man mit Beharrlichkeit und Ausdauer mehr erreichen kann als mit Begabung und Talent. Nicht zuletzt liegt das vielleicht auch an dem Umkehrschluss, dass man nicht unbedingt einen Grund sieht, sich sonderlich anzustrengen, wenn man aus seinem Umkreis stets hört, wie talentiert und begabt man ist. Dadurch taucht man weniger tief in die Materie ein, entwickelt weder Ehrgeiz noch Hingabe, und Können und Wissen bleiben oberflächlich. Besonders viele Leistungssportler betonen immer wieder, dass nicht etwa ihre natürliche Gabe sie an die Spitze gebracht habe, sondern vor allem Disziplin und harte Arbeit.

Hinzu kommt, dass man durch eine besonders tiefe innere Zufriedenheit belohnt wird, wenn es einem gelingt, an etwas dran zu bleiben, es sich zu erarbeiten und sich intensiv damit auseinanderzusetzen. Unser Selbstwert wird dadurch nachhaltig erhöht und gestärkt. Jedes Mal, wenn uns das gelingt, haben wir unseren alternativen Trampelpfad im Gehirn, der uns ja daran hindern soll, immer die gewohnte Synapsen-Autobahn entlang zu rasen, ein gutes Stück verbreitert. In dem Fall könnte man vielleicht sogar sagen, wir sind dabei, ihn zu asphaltieren.

Methoden: Ziel ist nicht gleich Ziel

Nachdem wir uns bis hierhin mit den grundlegenden Zusammenhängen rund um das Thema Selbstdisziplin befasst haben, die man eigentlich bei allem anwenden kann, was man sich vornimmt, wollen wir nun unser Augenmerk auf typische und sehr spezifische Beispiele von Herausforderungen richten. Sie alle weisen so charakteristische Widerstände auf, die durchbrochen werden müssen, dass es sich lohnt, ihnen entsprechend maßgeschneiderte Strategien entgegenzusetzen.

ZEITMANAGEMENT

Getting Things Done (GTD)

Seit 2001 veröffentlicht der heute in den Niederlanden lebende amerikanische Autor und Coach David Allen Bücher zum Thema Selbstmanagement. Auf Deutsch übersetzt ist der bekannteste Titel zwar etwas sperriger, aber nicht weniger deutlich: „Wie ich Dinge geregelt kriege. Selbstmanagement für den Alltag.“ (Wir erinnern uns an die augenzwinkernde Variante von Sascha Lobo, der den Titel leicht modifiziert aufgreift: „Dinge geregelt kriegen ohne einen Funken Selbstdisziplin“, siehe oben.). Die Idee dahinter beruht vor allem darauf, für den Moment klare Prioritäten in Bezug auf die wichtigsten und dringendsten Tätigkeiten zu setzen und die Aufgaben, die währenddessen in der Warteschleife ruhen, sinnvoll zu erfassen und zu strukturieren, damit man beim konkreten Abarbeiten der eigentlich aktuellen Inhalte den Kopf frei hat von der ständigen Angst, etwas anderes zu vergessen.

Der gesamte Prozess ist in vier bis fünf Schritte unterteilt und zu jedem einzelnen davon gibt die Methode detaillierte Regeln vor, um in der Spur zu bleiben und sich nicht zu verfranzen:

1. **Sammeln:**

Suchen Sie sich eine Ablage oder eine Liste, so etwas wie eine Art „Eingangshalle“ für alle Dinge, die im Laufe des Tages so auf Sie einströmen und noch erledigt werden müssen: E-Mails, Notizzettel, Auswertungen, Tagespost und so weiter. Auf dieser Stufe wird noch nicht differenziert, sondern lediglich zusammengetragen. Im Optimalfall ist es ein einziger Ort, ansonsten aber so wenige wie möglich, zum Beispiel Ihr E-Mail-Eingang und eine To-do-Liste oder ein Ablagefach auf Ihrem Schreibtisch.

2. **Verarbeiten und organisieren**

Erst an dieser Stelle wird der Eingangskorb sortiert und die einzelnen Posten bestimmten Rubriken zugeordnet. Wann und wie oft das passiert, wird in der nächsten Stufe noch genauer erklärt. Damit man beim Erfassen nicht wieder im Chaos landet, schlägt Allen auch dafür ein genaues Kategorisierungs-System vor. Es steht Ihnen jedoch selbstverständlich frei, ein eigenes zu erfinden oder die Vorgaben zu verfeinern und abzuwandeln. Nach Allen könnten Sie beispielsweise mit diesen Rubriken beginnen:

Projekte:

Das sind übergeordnete Aufgaben, die weitere Aktionen erfordern. Sie erhalten jeweils eine eigene Liste und einen eigenen Ablageort.

nächste Aktionen:

Innerhalb der *Projekte* werden konkrete Handlungs-Anweisungen zugeordnet und auch schon in zeitlicher Reihenfolge priorisiert. Wenn Sie zum Beispiel das Projekt ‚Garage aufräumen‘ haben, könnte die nächste Aktion darin bestehen, Kartons dafür zu besorgen.

Warten auf:

In dieser Liste werden Tätigkeiten oder Inhalte abgelegt, die an jemand anderes abgegeben wurden und zu deren Vorantreiben man selbst momentan nicht beitragen kann. Sie müssen zum Beispiel das Layout für einen Flyer erstellen, haben aber Fotos und Textinhalte dafür noch nicht erhalten.

Vielleicht/ Irgendwann:

Dies ist eher eine Sammlung von Ideen und Beiträgen, die noch nicht zu Ende gedacht sind und zeitlich noch nicht drängen. Man könnte sie als eine Art „Brainstorming-Mappe" verstehen.

Kalender:

Dieser Punkt ist logischerweise selbsterklärend. Hier werden reelle Termine, Abgaben, Meetings, Verabredungen und Ähnliches eingetragen. Darüber hinaus können Sie den *Kalender* natürlich auch für Ihre selbstgesetzten Deadlines benutzen, die sich vielleicht wiederum auf Ihre Aufgabenlisten beziehen. Sie könnten beispielsweise einen Wiederholungstermin eintragen für den Punkt „Durchsehen", der im Folgenden erläutert wird.

Referenzmaterial:

Hier werden Begleitmaterialien mit bestimmten Informationen für die tägliche Arbeit abgelegt, zum Beispiel in einem Hängeregister oder in einer Kartei oder auch virtuell in einem Ordnersystem auf dem Computer. Die Inhalte können sich natürlich wiederum auch auf die *Projekte* beziehen und dann dort zugeordnet werden. Als Beispiel können wir den besagten Flyer aufgreifen. Die Textinhalte und Fotos, die Sie dafür brauchen, treffen ein, aber das *Projekt* als solches hat für Sie noch keine Priorität, also legen Sie das Material im entsprechenden Ordner ab.

3. Durchsehen

Das Durchsehen bezieht sich hier nicht nur auf den Eingang, sondern ist eine wichtige und spezifische Handlungsanweisung, die zum Funktionieren der Gesamtstruktur beiträgt. Auch hierfür gibt es genaue Empfehlungen für bestimmte Zeitabstände pro Liste, beispielsweise einmal am Tag den Terminkalender und die Kategorie-Listen checken und dagegen einmal am Ende der Woche einen Rückblick erstellen. Dabei spielt die ständige Aktualisierung eine wichtige Rolle, also Abgearbeitetes zu löschen oder Überholtes auszusortieren.

4. Erledigen

Gemäß den Kategorien und Prioritäten werden die nächsten anstehenden Schritte abgearbeitet. Hier geht es um die Kategorie „nächste Aktionen" innerhalb eines Projektes. Beim Erledigen kann man als Selbstkontrolle in der Rückschau zwischen geplanter und ungeplanter Arbeit unterscheiden. Sie resümieren also im Nachhinein, was und wie viel Ihnen dazwischen gekommen ist, was Sie abgelenkt und abgehalten hat. Daran, wie viel Zeit man mit geplanter Arbeit verbracht hat, bemisst sich logischerweise die Sinnhaftigkeit der Verwendung des GTD-Systems.

Ergänzend zu den einzelnen Stufen gilt die sogenannte „Zwei-Minuten-Regel". Sie besagt, dass jede Tätigkeit, deren Umsetzung nicht mehr als zwei Minuten erfordert, sofort umgesetzt werden soll, anstatt sie in eine Liste oder Kategorie einzuordnen, da sonst die Gefahr besteht, dass man sich in der Kleinteiligkeit verliert.

Auf den ersten Blick scheint diese Technik absurd viel Aufwand und Zeit für Organisation, Priorisierung und Planung zu verschlucken, aber wir verkennen den Wert dieser „Verwaltungsarbeit", denn wir würden Sie ohnehin machen, nur sehr wahrscheinlich chaotischer und quasi in den Hintergrund verbannt. Dadurch verursacht sie hohen Stress, denn unser übervoller Kopf lenkt uns dann mit seinen Assoziativ-Ketten immer wieder vom konzentrierten Arbeiten ab. Lagern wir diese parallelen

Denkprozesse jedoch aus, indem wir ihnen einfach einen Ort und einen anderen Zeitpunkt zuteilen, belasten sie uns weniger, da wir nicht mehr befürchten müssen, dass uns etwas durchrutscht und verloren geht.

Die GTD-Methode ist relativ unspezifisch und daher für viele Bereiche anwendbar. Dadurch könnte man sie auch besonders gut mit der nächsten Technik, die wir uns nun genauer ansehen werden, kombinieren, oder sie als Vorbereitung für diese einsetzen.

Die Pomodoro-Technik

In den 1980er Jahren entwickelte Francesco Cirillo diese Methode des Zeitmanagements. Er benannte sie nach einer besonderen Sorte von Küchenuhren, die wie eine Tomate aussehen (Pomodoro heißt auf Italienisch Tomate.). Diese Technik ist besonders geeignet für Aufgaben, bei denen es darum geht, ein bestimmtes Pensum innerhalb eines festgelegten Zeitrahmens zu schaffen, also zum Beispiel das Schreiben einer Hausarbeit. Für alle Prokrastinierer, die mit Abgabeterminen zu kämpfen haben, wäre es einen Versuch wert, die Pomodoro-Technik einmal auszuprobieren, da sie einem hilft, die Anfangshürde niedrigschwellig zu gestalten und die große Aufgabe systematisch in kleinere Häppchen zu zerteilen. Darüber hinaus gibt sie ein festes Schema vor, mit dem sich sinnloses Multitasking besser vermeiden lässt.

Die Grundidee bestehen darin, durch den überschaubaren Zeitraum von 25 Minuten die Fokussierung zu erhöhen und gleichzeitig Ablenkungen zu minimieren. Die klaren Regeln vereinfachen das Einüben und Verfestigen. Zudem sorgen sie dafür, dass Pausen eingehalten werden, die gleichzeitig als Belohnung fungieren. So schlägt man gleich zwei Fliegen mit einer Klappe: Sich Pausen zu gönnen, vermeidet einen Tunnelblick, Überarbeitung und folglich Stressbildung. In der Summe halten wir länger durch und arbeiten konzentrierter. Darüber hinaus manipulieren wir uns durch die kleinen Belohnungen selbst und bleiben auf diese Weise motiviert, weiterzumachen. In konkreten Schritten, knapp zusammengefasst, sieht das so aus:

1. Wählen Sie eine Aufgabe, die Sie erledigen möchten, und notieren Sie deren Inhalte schriftlich in Listenform.

2. Stellen Sie eine Eieruhr auf 25 Minuten und arbeiten Sie in der Zeit, bis der Wecker klingelt, ohne Ablenkung ausschließlich an dieser Aufgabe.

3. Haken Sie die Aufgabe auf der Liste ab, wenn der Wecker klingelt, und hören Sie auf, daran zu arbeiten.

4. Machen Sie eine Pause von fünf Minuten.

5. Wiederholen Sie diesen Rhythmus vier Mal und gönnen Sie sich anschließend eine längere Unterbrechung von 30 Minuten.

Schauen wir uns die einzelnen Phasen genauer an. Die erste erfordert zunächst durchaus einige Vorbereitung, denn sonst bleibt man gleich zu Beginn wieder stecken. Befassen Sie sich genauer mit Ihrer Aufgabe, unterteilen Sie diese in kleinere, überschaubarere Einheiten und setzen Sie Prioritäten. Ein gutes Beispiel hierfür ist das Erledigen der Steuererklärung, das als solches wahrscheinlich für die meisten von uns sofort eine gewisse Bedrohlichkeit ausstrahlt. Notieren Sie stattdessen: Belege zusammensuchen, Belege sortieren, Formular ausfüllen. Schätzen Sie im Anschluss ein, wie lange Sie für jeden einzelnen Unterpunkt brauchen, und kalkulieren Sie entsprechend viele „Pomodoro-Intervalle" dafür in Ihrem Tagesplan ein. Das Festhalten auf einer Liste ist wichtig für den Belohnungseffekt durch das spätere Abhaken, wenn der Punkt erledigt ist. Cirillo empfiehlt sogar, dafür ganz schlicht Papier und Bleistift zu verwenden anstatt Handy oder irgendwelche anderen Listenapps, um auch in diesem Bereich jegliche Ablenkung zu vermeiden.

Das richtige Einschätzen der benötigten Zeit mag anfangs schwierig erscheinen, nach und nach wird man darin jedoch immer geübter.

Erinnern Sie sich an dieser Stelle daran, im Urteil mit sich selbst tolerant und liebevoll zu sein, falls es zunächst noch nicht so gut klappt, und lassen Sie sich nicht entmutigen. Wenn bereits die Arbeitsvorbereitung an Ihrem inneren Schweinehund zu scheitern droht, tricksen Sie sich aus, indem Sie auch diesen Schritt als ersten Punkt auf Ihre Pomodoro-Liste setzen.

Der Wecker ist aufgezogen, die Uhr tickt, was ja ganz nebenbei auch ein ganz netter Antreiber und eine positive Konditionierung durch das immer gleiche Geräusch sein kann, aber hier gilt natürlich: Wem das zu viel Druck verursacht, der greift bitte auf einen lautlosen Timer zurück. Die Angabe, in dem vorgegebenen Zeitfenster jetzt und ohne Ablenkung zu arbeiten, mag einem vielleicht auch utopisch erscheinen, man kann zum Gelingen aber selbst beitragen. Ein Faktor ist die überschaubare Dauer. Kaum etwas, das einem währenddessen einfallen könnte, lässt sich nicht um maximal zwanzig Minuten verschieben. Und damit man nicht trotzdem ständig daran denkt, rät Cirillo, sich den Gedanken einfach zu notieren, um die Sache nicht zu vergessen und später zu erledigen. Möglicherweise erscheint Sie ihnen gar nicht mehr so dringlich, wenn dann der Wecker klingelt. Viele andere Konditionen, um das Fokussieren zu erleichtern, liegen auf der Hand: Deaktivieren Sie Ihr Email-Programm und schalten Sie Ihr Handy aus (nicht nur lautlos!), sagen Sie Kollegen oder anderen Personen, die Sie gegebenenfalls unterbrechen könnten, dass Sie für die nächste halbe Stunde nicht gestört werden wollen. Wählen Sie einen Raum, in dem Sie die Tür schließen können, oder verwenden Sie Ohrstöpsel, um sich von äußeren Einflüssen abzuschotten.

Die kleine Auszeit eines Intervalls wird eingeläutet. Wenn es irgendwie möglich ist, verschieben Sie alles vermeintlich Dringliche weiter, bis Sie den gesamten Zyklus von vier „Pomodori“ durchlaufen haben. Widerstehen Sie auch dem Gedanken, einfach weiter zu machen. Die

Pomodoro-Technik ist im Ganzen auf Langfristigkeit ausgelegt, selbst, wenn die einzelnen Zeiträume kurz sind. Um im Rhythmus zu bleiben und auch die Pause nicht zu überziehen, stellen Sie sich wieder den Wecker. Viele kleine Pausen helfen einem, auf Dauer wach und frisch zu bleiben. Außerdem geben wir auf diese Weise dem Gehirn die Möglichkeit, Dinge unterbewusst zu verarbeiten und weiter kreativ zu sein. In den fünf Minuten zwischen den Arbeitsphasen sollten Sie aktiv entspannen, vielleicht mittels einer kleinen Meditation oder indem Sie kurz an die frische Luft gehen. Was auch immer Sie tun, es sollte nichts mit Ihrer Arbeit zu tun haben. Denken Sie daran, genug zu trinken, am besten eine warme Tasse Tee. All diese Hinweise gelten natürlich ebenso für die längere Pause nach vier Zyklen.

Natürlich gibt es auch an der Pomodoro-Technik Kritik. Gerade Menschen, die einen engen Terminkalender mit vielen Meetings oder einfach nur einer hohen Kommunikationsfrequenz haben, dürfte das Einhalten von so strengen Vorgaben schwerfallen. Andererseits sind diese in ihrer Auslegung ja nicht in Stein gemeißelt, es geht eher um das Prinzip, zwischen fokussierter Arbeit und echten Entspannungspausen zu wechseln. So könnte man Rhythmen und Zeitfenster auch ein wenig an die eigenen Bedürfnisse anpassen, beispielsweise indem man nur drei Durchläufe macht, bevor man sich dann einer anderen Sache zuwendet. Empfehlenswert kann es auch sein, ähnlich wie bei der GTD-Technik, am Abend über sein Arbeitspensum und die Struktur ein resümierendes Tagebuch zu führen. Zu diesem Zeitpunkt hat man in der Regel schon etwas Abstand zum Tagesgeschehen und sieht in der Rückschau vielleicht einiges klarer. So kann man sich darin üben, selbstkritisch die eigene Arbeitsweise zu reflektieren und im Zweifel anzupassen.

ZIGARETTEN ADE? SORGEN SIE FÜR KÖRPER UND GEIST

Mit dem Rauchen aufzuhören oder andere Süchte zu besiegen, ist ein ernstes und großes Thema. Dennoch wollen wir es hier kurz anreißen, da es so viele Menschen betrifft und selbstverständlich auch ein hohes Maß an Selbstdisziplin erfordert. Jeder sei aber aufgerufen, sich eingehender und individueller mit dem Sachverhalt auseinanderzusetzen und sich bei Bedarf psychologische oder medizinische Unterstützung zu holen. Das führt uns direkt zum Kern, den im Grunde die meisten Ansätze in diesem Gebiet gemeinsam haben: Abhängigkeiten wie Süchte betreffen immer beides, die Seele und den Körper, daher ist eine Entwöhnung dann am erfolgversprechendsten, wenn sie beide Aspekte gleichermaßen berücksichtigt.

Am Anfang steht eine wichtige und kein bisschen triviale Grundvoraussetzung: Sie müssen wirklich aufhören wollen. Das ist nicht selbstverständlich. Viele Raucher haben ihre Angewohnheit regelrecht liebgewonnen, behaupten, dass der Tabak ihnen auch wirklich schmeckt, dass er gut für die Verdauung ist, dass sie sich ohne Zigarette nicht konzentrieren können und so weiter. Sie geben eigentlich nur vor, dass sie aufhören müssten, zum Beispiel, weil es ja schlecht für die Gesundheit ist. Auch der gesellschaftliche Druck von außen hat natürlich zugenommen, seit in Restaurants, Bars und generell an den meisten öffentlichen Orten nicht mehr geraucht werden darf. Seien Sie also ehrlich mit sich, wenn Sie sich selbst die Frage stellen, ob Sie weiter rauchen oder lieber aufhören wollen. Falls Sie unsicher sind und es nicht ohnehin schon gelesen haben, sollten Sie sich von einer Lektüre inspirieren lassen.

Der wohl populärste Ratgeber zum Thema Rauchentwöhnung, den es gibt, ist "Endlich Nichtraucher" von Allen Carr. Das Buch kann eine echte Entscheidungshilfe sein, denn was inhaltlich am meisten herausstischt, ist die schonungslose Konfrontation, mit der den Rauchenden gespiegelt wird, wie sie sich selbst im wahrsten Sinne des Wortes die Sicht vernebeln und sich belügen, um ihre Sucht zu rechtfertigen und zu verharmlosen. Carr weist einen an, das ganze Buch bis zum Ende durchzulesen, bevor es zur Sache gehen kann und man mit dem berühmten ersten Tag des Rests seines Lebens beginnt, ohne Zigaretten. Der Grund wird einem nach und nach klar, denn durch seine Ausführungen beginnt man irgendwann, sich selbst vor seiner eigenen Angewohnheit und deren Folgen zu ekeln, wie zum Beispiel vor dem Gestank nach kaltem Rauch, der an einem haftet, oder vor überquellenden Aschenbechern, gelblichen Zähnen und so weiter. Carr macht deutlich, wie sehr die Sucht das Handeln im Alltag bestimmt und wie eingeschränkt man dadurch ist. Nach der Hälfte des Buches sehnt man sich danach, es zu beenden, um endlich mit dem Rauchen aufzuhören, sich von den Ketten des Lasters zu befreien.

Der Wille ist nun also da. Der nächste Schritt könnte sein, dass Sie mithilfe des sogenannten Fagerström-Tests, benannt nach dem Wissenschaftler, der ihn entwickelt hat, herausfinden, wie stark Ihre Abhängigkeit ist. Dieser Test stellt Fragen nach verschiedenen Lebensbereichen und Befindlichkeiten, die von der Nikotinsucht beeinflusst werden, und kategorisiert nach Punkten die Abhängigkeitsstufen von gering bis sehr stark. Abgefragt werden zum Beispiel die Menge der täglich konsumierten Zigaretten, die Tageszeiten, an denen man raucht, wie oft man schon versucht hat, aufzuhören und Ähnliches. Neben der Einstufung hilft der Fragenkatalog auch dabei, sich bewusster zu machen, wo bei einem selbst die individuellen Schwachpunkte zu suchen sind und welche Kontexte aufgebrochen werden müssen, in denen man besonders anfällig ist. Tabaksucht ist eine komplexe Form der Abhängigkeit, da sie im besonderen Maße eingespielte Belohnungs-Rituale und Verhaltensweisen, vielleicht sogar in gesellschaftlichen Zusammenhängen, mit körperlicher Abhängigkeit verbindet.

Daher sind Methoden, die ausschließlich die körperlichen Entzugserscheinungen lindern, nicht sonderlich erfolgversprechend. Welche Möglichkeiten haben Sie nun, um sich dem Entwöhnungsprozess zu stellen? Lassen Sie uns zunächst die psychische Seite betrachten:

• **Bereiten Sie sich gut vor!** Und das heißt, sowohl den ersten Tag als auch den ganzen Weg. Spielen Sie vorab in Gedanken den Moment der Wahrheit durch: Legen Sie sich eine Strategie zurecht, wie Sie der konkreten Versuchung begegnen wollen: Natürlich haben Sie keine Zigaretten oder auch Aschenbecher mehr im Haus, das ist die leichteste Übung, aber was brauchen Sie stattdessen? Halten Sie frisches Obst und leckere, aber gesunde Getränke (Säfte, Tee) bereit, um gegebenenfalls darauf auszuweichen. Denken Sie generell daran, genug Wasser zu trinken. Legen Sie sich einen Vorrat an zuckerfreien Kaugummis oder Bonbons an.

• **Ersatz-Routinen**: Sie würden JETZT eigentlich eine rauchen gehen, so als Päuschen oder weil Sie die „Raucher-Zeiteinteilung" gewöhnt sind? Überlegen Sie sich vorher, was Sie stattdessen tun können. Es sollte für Sie auch attraktiv sein oder zumindest keine weitere Bürde darstellen. Denkbar wäre zum Beispiel eine kleine Meditationseinheit oder zwei, drei Gymnastikübungen. Der Fantasie sind dabei keine Grenzen gesetzt und es gibt auch keine Regel, die bewertet, wie sinnvoll Ihre persönliche Substitutions-Handlung sein muss. Sie könnten also auch einfach zu Ihrem Lieblingssong tanzen oder den Körper einmal richtig kräftig durchschütteln. Ganz am Rande ist das übrigens ohnehin eine gute Sache, um sich wieder auf Kurs zu bringen. Viele Tiere befreien sich auf diese Weise ganz instinktiv von der Anspannung nach einer Stresssituation. Was gefällt, ist erlaubt, außer natürlich das Ausweichen auf ein alternatives Gift, wie beispielsweise Alkohol oder andere Drogen.

Vermeiden Sie von vornherein überall, wo es möglich ist, typische

Situationen, die Sie stark zum Rauchen animieren. Das kann auch heißen, dass Sie von nun an nicht mehr mit der eingespielten Rauchergruppe vor die Tür gehen. Falls Sie Angst haben, deswegen bestimmte soziale Kontakte zu verlieren, suchen Sie diese gezielt in anderen, neuen Situationen und Kontexten. Schaffen Sie sich vielleicht eine eigene Pausengruppe, mit der Sie gemeinsam ein paar Lockerungsübungen machen oder Ähnliches.

- **Sport** ist, wie oben erwähnt, nicht nur als kleine Routine eine gute Idee, sondern natürlich auch dauerhaft während der Entwöhnung und darüber hinaus. Die Wirkung ist bekanntermaßen weitreichend: Sie fördern dadurch aktiv Ihre Gesundheit und erreichen ein besseres Körpergefühl. Außerdem können Sie sich durch Sport abreagieren, werden insgesamt ausgeglichener und können zudem besser schlafen. Falls Sie während des Tabakentzugs mehr essen sollten, können Sie einer Gewichtszunahme, die Sie wahrscheinlich wiederum entmutigen würde, präventiv vorbeugen. Also raffen Sie sich auf und bewegen Sie sich regelmäßig!

- **Akzeptanz und Belohnung**: Erinnern Sie sich daran, dass Willenskraft auch ermüden kann, und schauen Sie mit einem wohlwollenden und milden Blick auf sich selbst. Wenn Sie also doch hin und wieder zur Schokolade statt zur Zigarette greifen und vorübergehend ein paar Kilos zunehmen, verzeihen Sie sich das. Nehmen Sie sich vor, das Abnehmen eventuell im zweiten Schritt anzugehen, wenn Sie Ihr neues Dasein ohne Tabak gefestigt haben. Auch eine Durchhalte-Belohnung kann nützlich sein. Schließlich sparen Sie eine Menge Geld, wenn Sie dafür keine Zigaretten kaufen. Gönnen Sie sich davon etwas Schönes, das Sie motiviert.

Zum Thema Akzeptanz gehört übrigens auch, sich von einem Rückschlag nicht sofort vollständig entmutigen zu lassen und aufzugeben. Machen Sie direkt weiter mit dem Nichtrauchen, anstatt sich in die vermeintliche Niederlage hineinzusteigern. Nehmen Sie es als Übung, eine

Negativ-Spirale zu vermeiden, dem Rückschlag nicht so viel Raum zu geben und sich auf das Positive zu fokussieren.

• **Nehmen Sie Hilfe in Anspruch**. Und das ist bei einer Tabakentwöhnung an vielen Stellen möglich. Nicht nur Ärzte, Therapeuten, die eigene Familie und Freunde können einen unterstützen, auch Gruppenangebote, in denen man sich über den Entzugsprozess austauscht oder einfach nur den eigenen Leidensweg teilt, können eine große Hilfe sein. Darüber hinaus bietet die Bundeszentrale für gesundheitliche Aufklärung am Rauchertelefon schnelle, direkte und professionelle Beratung.

Mit den genannten Punkten beeinflussen Sie nachhaltig Ihr auf das Rauchen konditioniertes Verhalten. Was aber ist mit den körperlichen Symptomen, wie zum Beispiel Reizbarkeit, Kopfschmerzen, Übelkeit oder Schlafstörungen? Wenn Sie es geschafft haben, etwa drei Tage nicht zu rauchen, hat der Körper das meiste Nikotin aus dem Zigarettenkonsum aufgebraucht und verlangt nach Nachschub. Für diese Entzugserscheinungen gibt es verschiedene unterstützende rezeptfreie Medikamente. Sie ermöglichen den Nikotin-Ersatz ohne die zusätzlichen Schadstoffe aus dem Tabakrauch. Natürlich sollte man sie trotzdem nach und nach ausschleichen. Welche Darreichungsform man wählt, hängt auch vom Grad der Abhängigkeit ab.

• **Kaugummi:** Eignet sich für geringe bis mittelstarke Nikotinabhängigkeit und einem Zigarettenkonsum von unter 15 Stück pro Tag. Darüber hinaus ist das Kaugummi besonders für akute Situationen zu empfehlen, wie Stress oder bei sozialer Interaktion, da es wie die Zigarette selbst mit einer aktiven Handlung verbunden ist. Statt mir eine Zigarette anzuzünden, wickle ich ein Kaugummi aus und stecke es mir in den Mund. Die Verwendung von Nikotinkaugummis sollte man nach vier bis sechs Wochen ausschleichen.

• **Pflaster:** Für mittlere bis starke Nikotinabhängigkeit und einen Tageskonsum von bis zu 40 Zigaretten am Tag. Das Pflaster sorgt für eine gleichmäßige Ersatzversorgung über den ganzen Tag hinweg. Nikotinpflaster können bis zu zwölf Wochen eingesetzt werden.

• **Spray**: Es funktioniert wie ein Inhalator für Asthmatiker und ist daher ähnlich zu bewerten wie ein Kaugummi, denn auch das Spray kann aktiv eingesetzt und in ähnlichen Abständen dosiert werden, wie man zuvor Zigaretten geraucht hat. Es ist für stark abhängige Raucher geeignet und kann ebenso lange angewendet werden wie die Nikotinpflaster.

Auch Kombinationen aller Varianten sind denkbar, je stärker jedoch Ihre Sucht ist, desto eher sollten Sie sich bei der Anwendung von Nikotin-Ersatzpräparaten ärztlich begleiten lassen. Dies gilt insbesondere, wenn Sie vielleicht ohnehin in therapeutischer Behandlung sind. Macht Ihnen die psychische Belastung durch die Tabakentwöhnung besonders schwer zu schaffen, kann man parallel eine Behandlung mit Antidepressiva erwägen.

Als ein Bereich, der sich ohnehin mit einem ganzheitlichen Ansatz brüstet, wollen wir auch die alternativen Methoden anreißen, die sich als hilfreich erwiesen haben, wenn man mit dem Rauchen aufhören möchte, wenngleich die Wirkung wissenschaftlich zum Teil umstritten ist. Man muss also selbst entscheiden, ob eine solche Behandlung für einen infrage kommt. Fakt ist aber auch, dass selbst ein Placebo-Effekt seine Berechtigung hat, wenn er wirkt. Diese Tatsache wird uns später an anderer Stelle nochmals begegnen. Unabhängig davon wird von manchen Therapeuten kritisiert, dass die alternativen Ansätze die Rauchenden nicht aktiv mit in den Entwöhnungsprozess einbeziehen, sondern sie ausschließlich passiv behandeln.

• **Akupunktur:** Die Akupunktur stammt aus der traditionellen chinesischen Medizin. Sie geht davon aus, dass es auf dem Köper verschiedene

Energie- oder Nervenpunkte gibt, deren Stimulation, zum Beispiel durch eine Nadel, zu komplexen Heilungsprozessen beitragen kann. Für die Rauchentwöhnung gelten vor allem die im Ohr liegenden Punkte als geeignet. Die Klienten müssen vorab ihren Zigarettenkonsum eingestellt haben. Dann erfolgt die Behandlung über einen Zeitraum von mehreren Wochen entweder mit sogenannten Dauernadeln, die bis zum Ende der Therapie in der Haut verbleiben, oder mehrmals pro Woche temporär.

• **Hypnose:** Zunächst muss man sich auch in der Hypnose-Therapie damit befassen, welche Situationen oder Verknüpfungen die Zigarettenentwöhnung besonders erschweren, denn nur so können diese Zusammenhänge im zweiten Schritt durch die Wahl der richtigen Suggestionen, also Glaubenssätze, vom Hypnotisierenden aufgelöst werden. Bei der Hypnose werden die KlientInnen in einen tiefenentspannten, schlafähnlichen Zustand versetzt, die sogenannte Trance. In dieser Verfassung ist das Unterbewusstsein besonders offen und zugänglich für die neuen Botschaften, die dann dabei helfen sollen, alte Verhaltensmuster bezüglich des Rauchens zu „überschreiben“. Denkbar sind hierbei Sätze wie „Rauchen ist dir von nun an völlig gleichgültig“ oder „Dein Körper reguliert sich ohne Hilfe so, dass du dich vollkommen wohl und gut versorgt fühlst“.

VERNÜNFTIG ABNEHMEN, DIE IDEEN VON WEIGHT WATCHERS

Weil für die meisten von uns die ewige Unzufriedenheit mit dem eigenen Körper ein bekanntes und leidiges Thema ist, greifen wir hier den Wunsch, abzunehmen, als Beispiel auf. Trotzdem soll an dieser Stelle nicht unerwähnt bleiben, dass die gesamte Problematik, die hinter diesem gesellschaftlichen Phänomen steckt, sehr komplex und interdisziplinär zu betrachten ist, also soziologisch, psychologisch, wahrscheinlich auch historisch und natürlich ernährungswissenschaftlich. Kleinere Hinweise hierauf tauchen im ersten Teil des Buches auf. Wir bleiben bewusst an der Oberfläche und fokussieren uns auf bestimmte Aspekte, zum Beispiel darauf, dass ein nachhaltiger Weg zu einer gesunden schlanken Figur ebenso wie die Rauchentwöhnung nur dann gelingen kann, wenn man sowohl die Seele als auch den Körper im Blick behält und ausreichend versorgt. Sie müssen deshalb jetzt nicht mit Weight Watchers abnehmen, die Ideen, die sich hinter dem Konzept vereinen, sind jedoch in ihrer Kombination so treffend gewählt, dass wir ihnen hier gut folgen können. Selbstverständlich sind sie aber nur konkrete Beispiele für grundlegende Prinzipien, die Sie dann auch ganz eigenständig für sich selbst interpretieren können.

• **„Wohlfühlgewicht":** Weder die Heidi Klums noch David Backhams dieser Welt sind unser Maßstab oder Vorbild. Das ist eigentlich völlig klar und bedarf keiner Erwähnung. Dennoch kann man es nicht oft genug wiederholen: Menschenkörper sind erst in ihrer Vielfältigkeit schön und Schönheitsideale sind vergänglich. Wir wollen eine positive Einstellung zu all unseren unterschiedlich schönen Körpern feiern, aber ebenso die Gesundheit. Den Begriff „Wohlfühlgewicht" kann man demnach auch ausweiten, aber wir halten uns einmal an einen etablierten Standard, den sogenannten Body-Mass-Index (BMI). Mit ihm kann man sich an einer Spannbreite orientieren und legt sich nicht auf eine fixe Zahl fest. Der BMI ist sozusagen eine Einheit für das Verhältnis zwischen Körpergröße und Gewicht und wird nach der folgenden Formel berechnet: Körpergewicht in Kilogramm dividiert durch das Quadrat der Körpergröße in Metern. Im besten Fall ist das Ergebnis eine Zahl zwischen 18 und 28. Eine genauere Einordnung und Bewertung nach Alter und Geschlecht lässt sich dann einer Tabelle entnehmen und man sieht, ob der eigene Wert noch im tolerablen Rahmen liegt. So wird auch der Veränderung des Körpers in unterschiedlichen Lebensphasen Rechnung getragen.

• **In kleinen Schritten:** Diese Zielsetzung ist ein wichtiges Kriterium. Natürlich bewegen wir uns fernab aller Diät-Versprechungen nach dem Motto „fünf Kilo in fünf Tagen", wie wir sie regelmäßig als Aufmacher diverser Zeitschriften lesen können und die eine Garantie für den berühmten Jo-Jo-Effekt bereits mitliefern. Es gibt eine Reihe von Erklärungen für diese Reaktion. Besonders einleuchtend ist wohl die, dass unser Körper sich daran anpasst, wenn wir ihm die Nahrung schlagartig extrem rationieren. Er stellt sich darauf ein, dass ab nun anscheinend magere Zeiten angesagt sind und verbraucht weniger Energie. Essen wir im Anschluss dann plötzlich wieder so viel wie zuvor, führt der effizientere Verbrauch zur Speicherung der überschüssigen Kalorien und somit zu einer Gewichtszunahme, meistens sogar über das Anfangsgewicht hinaus. Das heißt, wenn wir abnehmen wollen, geht es um das Erlernen einer dauerhaft ausgewogenen Ernährung. Das Gewicht, das sich dann über längere Zeit einpendelt, ist sehr wahrscheinlich das richtige „Wohlfühlgewicht".

• **Ernährung verstehen:** Die Vorstellung, für eine schlanke Figur auf bestimmte Lieblingsgerichte für immer zu verzichten oder bei jeder Mahlzeit Kalorien zu zählen, ist etwas, das viele mit einer Diät verbinden, aber natürlich ist das nicht der richtige Weg, um sie durchzuhalten. Es geht um das Verändern der eigenen Essgewohnheiten, sodass man irgendwann auch intuitiv und ohne viel darüber nachdenken zu müssen zu den richtigen Nahrungsmitteln greift. Der Klassiker ist die Ernährungspyramide: sehr viel Gemüse, viel Obst, gemäßigt Eiweiß und Fett, wenig Kohlenhydrate und Zucker. Hat man aber das Ziel, zunächst einmal abzunehmen, braucht es mindestens am Anfang einen genaueren Blick und erhöhte Aufmerksamkeit. Um die Sache zu vereinfachen und somit die Hürde niedrig zu halten, teilt Weight Watchers den Lebensmittelkategorien Punkte zu, von denen Sie dann pro Tag eine bestimmte Anzahl verbrauchen dürfen.

Auf diese Weise können Sie Ihre Mahlzeiten weiter nach Ihrem persönlichen Geschmack gestalten oder auch einmal der Versuchung nachgeben und ein Stückchen Schokolade essen. Ganz nebenbei eignen Sie sich dann ein erhöhtes Ernährungsbewusstsein an. Wer allerdings vor der Umstellung auf totalen Abwegen war, erhält weitere Unterstützung durch Informationsmaterial, Rezeptvorschläge oder sogar abgepackte Fertiggerichte. Der Griff dazu sollte aber selbstverständlich nicht die Regel sein.

• **Gemeinsam ist vieles leichter.** Dieser Grundsatz ist auch bei Weight Watchers etwas, das die meisten Teilnehmenden als den wichtigsten Begleitfaktor benennen, und damit wären wir wieder bei der Psyche angekommen. Innerhalb des Netzwerkes haben Sie die Möglichkeit, an wöchentlichen Gruppentreffen teilzunehmen, in denen Sie sich mit anderen Abnehmwilligen austauschen können. Darüber hinaus werden diese Treffen von professionellen Ernährungsberatern geleitet, die mit Ihnen gemeinsam den Diätprozess analysieren. Hier können Sie dann auch Ihre Fragen loswerden und so Ihr Wissen vertiefen. Ihre Bezugsgruppe braucht natürlich kein Weight-Watchers-Netzwerk sein, Sie können auch Ihr eigenes Netzwerk nutzen oder aufbauen. Über die modernen Social-Media-Kanäle, aber auch auf analogem Wege gibt es genügend Möglichkeiten.

Für die Introvertierten unter Ihnen oder für diejenigen, die das Teilen der Erfahrungen eher als eine Art Kontrolle wahrnehmen, die in Ihnen Leistungsdruck verursacht, ist dies aber keine Notwendigkeit. Nutzen Sie solche Angebote also nur dann, wenn es für Sie motivierend ist.

• **Bewegung** hat nicht nur den Vorteil, dass die dabei verbrauchten Kalorien – bei Weight Watchers in Form von Punkten – mit in die

Verbrauchs-Bilanz eines Tages aufgenommen werden. Sie hilft auch, ähnlich wie bei der Rauchentwöhnung den Stresspegel zu senken und für mehr Ausgeglichenheit zu sorgen – also wieder Nahrung für die Seele. Da bei Weight Watchers sogar Alltagstätigkeiten, wie beispielsweise Staubsaugen, mit in die Rechnung einfließen, bekommt die Struktur fast etwas Spielerisches. Vielleicht wird dadurch bei dem einen oder anderen ja eine Art kompetitiver Ehrgeiz geweckt.

Weight Watchers wurde bereits 1963 von der amerikanischen Hausfrau Jean Nidetch aus der Motivation heraus gegründet, sich der Herausforderung einer Diät nicht allein, sondern in einer Gemeinschaft zu stellen. Das Unternehmen, dessen Name mittlerweile in ein knackig-modernes „WW" verkürzt wurde, macht heute Millionenumsätze und ist eine weltweit agierende Aktiengesellschaft geworden. Es ist wichtig, das zum Abschluss noch einmal zu betonen, denn schließlich kostet es Geld, wenn man mit Weight Watchers abnehmen möchte. Wenn Sie jedoch weniger Begleitung brauchen und sich an den beschriebenen Grundsätzen orientieren, die dem Konzept zugrunde liegen, werden Sie in Eigeninitiative sehr wahrscheinlich ähnlich erfolgreich sein.

AUTOSUGGESTION, EIN ALLROUNDER

Die Technik der Autosuggestion ist quasi die Weiterführung der Hypnose, nur dass man nicht von einem anderen Menschen hypnotisiert wird, sondern man versucht es selbst. Daher spricht man bei der Autosuggestion auch von Selbsthypnose oder Selbstbeeinflussung. Wir haben ja bereits gelernt, dass viele Verhaltensmuster letztlich sehr stark verankerte Verknüpfungen im Gehirn sind, die man jedoch dank der Neuroplastizität unseres Gehirns durch gezieltes Üben umprogrammieren kann, und zwar, anders als lange angenommen, sein Leben lang.

Ende des 19. Jahrhunderts machte der französische Apotheker

Émile Coué eine interessante Beobachtung: Je nachdem, mit welcher Bemerkung bezüglich der Qualität er seinen Kunden ein Medikament übergab, war die Wirkung durchaus unterschiedlich, und zwar passend zu der vorausgenommenen Bewertung. Lobte er beim Kauf die Arznei vorab, etwa mit Worten wie „das ist ein sehr gutes Mittel, es wird Ihnen bald wieder gut gehen", so half das Medikament oftmals wirklich besser, als wenn Coué beim Verkauf gar nichts dazu sagte. Wir kennen dieses Phänomen als den sogenannten Placebo-Effekt. Dieser ruft in der Wissenschaft heute auch durchaus mehr als nur ein müdes Lächeln hervor. Im Gegenteil, es wird sogar erforscht, wie sich die Medizin das Phänomen zunutze machen könnte, denn man hat mittlerweile herausgefunden, dass es meistens nicht einmal relevant für die Wirkung ist, ob der Patient weiß, dass er ein Placebo-Medikament erhält oder eben ein „echtes". Coué schloss aus seinen Beobachtungen, dass wir unser Wohlbefinden durch selbst formulierte Glaubenssätze – das meint der Begriff Suggestion – beeinflussen können. Glaube versetzt bekanntlich Berge. Heutzutage gibt es zwar eine ganze Reihe von Diversifizierungen auf dem Gebiet der Autosuggestion, die Idee dahinter ist aber immer noch die Gleiche und es gibt auch einige Grundlagen, auf die alle speziellen Richtungen zurückgreifen.

Wir finden uns wieder bei der Vorstellung, dass Glaubenssätze dann entstehen, wenn wir eine Botschaft, die wir immer wieder hören, unbewusst einüben und ihren Inhalt einfach unreflektiert oder gar unterbewusst übernehmen. Besonders gut trifft das auf Glaubenssätze zu, die wir in frühester Kindheit erwerben, wie bereits im Kapitel „Ist Selbstdisziplin angeboren?" anhand eines Beispiels angedeutet wurde. Es ist anschaulich und leicht nachvollziehbar. Ein kleines Mädchen, dem immer wieder gesagt wird, dass es unsportlich ist, wird wahrscheinlich keine Karriere als Leichtathletin einschlagen. Dabei liegen den meisten Menschen von Natur aus negative Suggestionen eher als positive, und das hat einen einfachen Grund: Als Jäger und Sammler konnte es für Menschen überlebenswichtig sein, sich schlechte Erfahrungen gut einzuprägen, um sie ohne langwieriges Hinterfragen in einer ähnlichen Situation wieder abrufen zu können: Tigern gegenüber sollte man stets misstrauisch sein! Die Autosuggestion versucht hingegen, den Fokus auf das Positive zu lenken, ja, möglicherweise so weit zu gehen, speziell schlechte Glaubenssätze durch Umformulierungen zu neutralisieren oder neue, bereichernde Glaubenssätze zu verankern. Wenn wir also mit der Autosuggestion unsere Verhaltensweisen und inneren Einstellungen beeinflussen können, ist sie als unterstützendes Werkzeug für alle Baustellen denkbar, die man so angehen möchte, eine echte „Allrounder-Technik". Dies gilt auch für die bereits beschriebenen Aufgaben, wie mit dem Rauchen aufzuhören oder sein Gewicht zu reduzieren. Wirksam kann sie aber auch sein, um besser zu entspannen, mehr Kreativität zu entwickeln oder insgesamt für ein positiveres Selbstbild. Probieren Sie sich aus, denn was haben Sie schon zu verlieren?

• **Vom Glaubenssatz zur Affirmation:** Aus einem Glaubenssatz mit beliebigem Inhalt wird eine Affirmation, wenn er positiv behaftet ist, bejahend und zugewandt. Um die passende Affirmation für unser Anliegen zu finden, müssen wir wieder einmal genau hinschauen und uns Folgendes beantworten: Was genau möchte ich eigentlich verändern und was hindert mich daran? Woran würde ich merken, dass ich einen Wandel bewirkt habe? Insbesondere die Antwort auf letztere Frage kann dabei helfen, eine neue Botschaft positiv zu formulieren, und das ist wörtlich gemeint. Sagen Sie nicht, „Ich habe keine Angst mehr vor meinem Chef", sondern, „Meinem Chef gegenüber trete ich selbstbewusst auf", oder anstatt, „Ich bin nicht mehr so jähzornig", wählen Sie, „Ich bleibe ruhig und gelassen". Auch hier gilt übrigens die Regel: Nehmen Sie sich erreichbare Ziele vor und bleiben Sie nicht in Perfektionismus und Grübeleien hängen. Ihre Glaubenssätze dürfen noch reifen, präziser werden und sich im

Verlauf der Zeit vielleicht sogar verändern. Betrachten Sie die Autosuggestion als Ihren ganz persönlichen Entwicklungs- und Gestaltungsprozess.

• **Ziel verfestigen:** Wenn Sie den passenden Glaubenssatz gefunden haben, schreiben Sie ihn auf und auch alle strahlenden Zukunftsvisionen, die sie damit verbinden sowie die Veränderungen, die Sie sich davon erhoffen. Auch dieses Thema ist uns bereits im allgemeinen Teil begegnet, und zwar in Gestalt der Belohnungs-Fantasie, als es darum ging, wie Sie sich motivieren, an einer Sache dran zu bleiben. Wir erinnern uns: Das Gehirn unterscheidet nicht zwischen Realität und Vorstellung. Je detaillierter Ihr Bild also wird, desto stärker verankern Sie Ihre Ambitionen. Im Falle des neuen Auftretens gegenüber Ihrem Chef könnten Sie sich beispielsweise dessen Anerkennung ausmalen, wie er Ihnen wertschätzend auf die Schulter klopft, Ihnen ein neues Büro zuteilt oder eine Gehaltserhöhung oder gar eine Beförderung zusagt. Spüren Sie dabei in sich hinein, wie gut sich das anfühlt, und verbinden Sie sich mit diesem Gefühl.

• **Affirmationen setzen...:** Was genau aber mache ich nun mit meinen schönen, schillernden Glaubenssätzen? Ganz einfach ausgedrückt: Ich spreche sie mir immer wieder vor, laut oder nur im Kopf, gern aber beides. Dabei kann man einiges berücksichtigen, um die Wirksamkeit zu gewährleisten oder zu verstärken: Sie sollten entspannt und ungestört sein sowie dafür sorgen, dass Sie sich wirklich auf Ihr Inneres konzentrieren können. Dann legen Sie das Blatt mit den notierten Affirmationen vor sich hin und lesen die Sätze zunächst laut vor. Beim fokussierten Verankern der neuen Glaubenssätze können Sie den Effekt dadurch verstärken, dass Sie gleich verschiedene Bereiche Ihres Gehirns zusammen mit der gewünschten Botschaft ansprechen. Das heißt, Ihre Sinne, Ihr kognitives und Ihr emotionales Zentrum, aber bestenfalls auch das Gebiet im

zentralen Nervensystem, das für Bewegungen zuständig ist. Um die visuelle Wahrnehmung zu stimulieren, ist es gut, wenn Sie Ihre eigenen Worte als aufgeschriebenen Satz anschauen.
Denken Sie sich eventuell eine Geste dazu aus, die Sie passend finden. Je nach Thema könnten Sie beispielsweise Ihre Fäuste entschlossen ballen, sich selbst umarmen oder auch einen Luftsprung machen. Tun Sie, was immer sich stimmig anfühlt. Lesen Sie laut und deutlich oder singen Sie Ihre Glaubenssätze und nennen Sie sich gern bei Ihrem eigenen Namen: „Ich, Julia Meyer, kann souverän vor Publikum sprechen!“. Als eine weitere Variante können Sie außerdem Ihre Affirmation als Tonaufnahme einsprechen und sich diese beispielsweise beim Sport, bei einer Entspannungsübung oder bei einem heißen Bad anhören.

- **... und wiederholen!** Das A und O bei der Autosuggestion ist die Wiederholung, und zwar am besten zur gleichen Zeit und im gleichen Kontext, zum Beispiel morgens und abends, aber darüber hinaus auch immer und überall, wo es Ihnen gerade einfällt. Jede weitere Gelegenheit der Wiederholung ist zuträglich, je öfter, desto besser. Als Routine eignet sich die Zeit vor dem Schlafengehen besonders, da die Glaubenssätze im Anschluss, wenn Sie danach einschlummern, gleich im Unterbewusstsein nachwirken können. Kreieren Sie Ihr eigenes Ritual. Ein weiterer Tipp ist, sich viele kleine Reminder auszudenken, die Sie im Alltag ans Üben erinnern, so, wie der berühmte Knoten im Taschentuch. Denkbar wären etwa farbige Klebepunkte überall dort, wo Sie im Tagesverlauf oft hinschauen: am Kühlschrank, am Badezimmerspiegel, am Computerbildschirm und so weiter, aber auch ein neues Schmuckstück könnte als „Erinnerungsdienst“ herhalten, wie ein Armbändchen oder ein Fingerring. Der Vorteil daran ist, dass Sie die Verbindung auch mit dem Körper spüren, was zur Verfestigung der neuen Botschaft im Gehirn beiträgt.

Vielleicht bedarf es ein bisschen Mut, um Autosuggestion als

Technik anzuwenden, wenn man noch nicht so stark mit Lebensthemen wie Achtsamkeit und Persönlichkeitsentwicklung in Kontakt war. Trauen Sie sich ruhig, auch, wenn die Herangehensweise für Sie ungewohnt ist und Ihnen möglicherweise zunächst etwas lächerlich vorkommt. Wenn Sie dabei Unsicherheit und Nervosität verspüren, geben Sie den Gefühlen nach und lachen Sie (gern laut) wohlwollend über sich selbst. Dennoch sollten Sie beim Üben eine gewisse Ernsthaftigkeit entwickeln. Es ist logisch, dass bei der Autosuggestion massive Zweifel an der Technik an sich kontraproduktiv sind, schließlich wollen Sie sich selbst von einer neuen Wahrheit überzeugen. Das geht nur, wenn Sie im Grunde auch daran glauben, dass Sie das können. Wenn Ihnen diese Art des Trainings grundsätzlich suspekt ist, wenden Sie sich vielleicht eher anderen Methoden zu oder legen Sie den Fokus auf weniger progressive Formen, wie zum Beispiel Entspannungsübungen oder positive Psychologie, wie wir sie im Anfangsteil beschrieben haben.

Zusammengefasst

Nun haben wir die vermeintlich strenge Gouvernante Fräulein Selbstdisziplin von vielen Seiten beleuchtet. Wir haben verschiedene Perspektiven zu ihr eingenommen, aus der Ferne, von Nahem, aber auch von innen. Welches Fazit können wir daraus ziehen? Zunächst muss man allgemein und im gesellschaftlichen Kontext betrachtet wohl sagen, dass die Fähigkeit Selbstdisziplin niemanden kalt lässt. Jeder kann dazu Position beziehen und sie hat viele Vorurteile, Neid, Ängste und Belastungen im Schlepptau.

Für manche ist sie aber auch ehrgeiziger Antrieb und Motivator, gar Ursache für Glücksmomente. Setzen wir die wunderbare Vielfältigkeit der Menschen und all die komplexen Herausforderungen, die sie in der modernen Welt zu meistern haben, zueinander in Beziehung, so sollten wir den Maßstab Selbstdisziplin nicht als Ausschlusskriterium ansetzen. Im Gegenteil, wem sie hilft und wer sie gut einsetzen kann, der darf das mit Freude tun, wer sich aber daran aufreibt und sich in seinen Negativ-Kreisläufen bestärkt fühlt, der sollte sie weniger wichtig nehmen und sich darauf fokussieren, worin er oder sie stattdessen gut ist. Wir wünschen uns verständlicherweise immer wieder Umstände, die sich leicht und eindeutig einordnen lassen. Das ist jedoch, wie wir ehrlicherweise nur allzu gut wissen, in den seltensten Fällen möglich. Besinnen wir uns also auf mehr Toleranz und Freude an Unterschieden, vielleicht sogar an Überraschungen, die nicht sofort in die Schubladen unseres propagierten Bewertungs- und Leistungssystems passen.

Überlegen Sie sehr genau, ob Sie sich wirklich mehr Selbstdisziplin wünschen. Bei näherer Betrachtung haben wir gelernt, dass Selbstdisziplin sich aus mehreren Faktoren zusammensetzt, von denen einige angeboren sein können und andere erlernt. Manche kann man also trainieren und manche muss man vielleicht eher austricksen. Dabei können wir Regeln herausarbeiten, die generell anwendbar sind und auf die man auch bei speziellen Zielen und Herausforderungen immer wieder zurückgreift. Wir fassen zusammen:

- **Achtsamkeit gegenüber sich selbst**
Richten Sie Ihre Aufmerksamkeit nach innen und erforschen Sie mit klarem und ehrlichem Blick Ihre eigene Persönlichkeit und Ihre Motive.

- **Gemäß der eigenen Natur**
Bestimmte Fähigkeiten sind uns angeboren, andere nicht. Wenn Sie sich selbst gut kennen, können Sie Ihre besonderen Begabungen nutzen, anstatt immer gegen die gleichen Widerstände zu kämpfen.

- **Geduld üben**
Ob man geduldig ist oder nicht, hängt vom Typ ab, aber auch von der Sozialisation. Wenn Geduld nicht zu Ihren Stärken gehört, trainieren Sie sie mithilfe von Meditation.

- **Realistisch bleiben**
Strapazieren Sie nicht unnötig Ihre Willenskraft und nehmen Sie sich nur Ziele vor, die Sie – wenn auch vielleicht mit etwas Anstrengung – wirklich erreichen können, sonst sind Scheitern und Frustration vorprogrammiert.

- **Schritt für Schritt**
Starren Sie nicht auf das große Ganze wie das Kaninchen auf die Schlange, sondern konzentrieren Sie sich auf die kleinen Teilerfolge.

- **Versuchungen aktiv meiden**
Schaffen Sie sich ein Umfeld, das Ihnen in Ihren Zielen zuarbeitet, anstatt Sie zurückzuwerfen, indem Sie es von potenziellen Versuchungen oder Ablenkungen befreien.

- **Routinen nutzen**

Gewohnheiten machen es einem leicht, weil man sie nicht jedes Mal neu hinterfragt. Verknüpfen Sie Ihre Ziele mit alten Routinen oder üben Sie neue Routinen ein.

- **Hilfe von anderen**

Sei es der Austausch über die eigenen Schwächen, sei es sich zu motivieren, indem man sich gemeinsame Ziele setzt, oder sei es ganz konkret die Unterstützung von Therapeuten, Freunden und der Familie – nutzen Sie Ihr soziales Netzwerk.

Wenn wir diese Empfehlungen berücksichtigen und dabei immer gut für uns sorgen, verliert das Gespenst Selbstdisziplin an Schrecken. Indem wir sie maßgeschneidert auf unseren Charakter, unsere persönliche Situation und unsere Aufgabe anwenden, vermeiden wir es, die immer gleichen destruktiven Muster zu wiederholen und auf diese Art noch stärker zu verfestigen. Stattdessen programmieren wir uns um. Und das kann im Wortsinn verstanden werden. Denn im letzten Teil des Buches wurde es konkret. Wir haben uns Beispielen zugewandt von typischen Zielen oder Herausforderungen, die viele Menschen auf ihrer Wunschliste haben. Anhand dieser Fälle wurden unterschiedliche Methoden vorgestellt, die zwar für ganz spezielle Aufgabenbereiche entwickelt wurden, in der Grundstruktur aber auch mit den oben aufgezählten Bausteinen arbeiten.

Im Zeitmanagement geht es oft darum, nicht in die Prokrastination zu verfallen, konzentriert an einem Thema zu arbeiten und Multitasking zu vermeiden. Wenn Sie Methoden wie Getting Things Done oder die die Pomodoro-Technik anwenden, teilen Sie daher Ihre große Aufgabe in kleinere auf und nutzen einfache Routinen für die Strukturierung. Bei der Pomodoro-Technik sorgen Sie darüber hinaus für ein gutes Durchhaltevermögen, indem Sie Pausen einhalten. Sie gestalten außerdem Ihr

Umfeld so, dass Sie nicht in Versuchung geraten, abgelenkt zu werden.

Wenn es um Ziele geht, bei denen Ihr Körper im Vordergrund steht, dürfen Sie trotzdem nicht das Wohlbefinden Ihrer Seele aus den Augen verlieren, denn sonst schwächen Sie Ihr Durchhaltevermögen. Wollen Sie also mit dem Rauchen aufhören, ist es für den Start zunächst am wichtigsten, dass Sie sich selbst gegenüber ehrlich und zugewandt sind. Gestalten Sie Ihren Alltag aktiv so um, dass Ihnen die alten, verlockenden Situationen und vielleicht auch die Menschen, die dazu gehören, gar nicht erst begegnen. Darüber hinaus suchen Sie sich Ausweich-Gewohnheiten, wie zum Beispiel Sport oder Entspannungsübungen. Begegnen Sie körperlichen Entzugserscheinungen mit Ersatzmitteln, solange es nötig ist. Auch beim Abnehmen sollten Sie mit einem realistischen und wohlwollenden Blick beginnen und sich keine zu ehrgeizigen Ziele stecken. Verlieren Sie langsam an Gewicht, also wieder Schritt für Schritt. Nutzen Sie außerdem die Gemeinschaftserfahrung, um am Ball zu bleiben.

Eine Hilfstechnik, die uns bei jedem Problem unterstützen kann, ist die Autosuggestion. Mit ihrer Hilfe können wir gezielt üben, alte eingefleischte Verhaltensschablonen zu durchbrechen und neue einzuüben. Hier arbeiten wir mit dem Fokus auf positive Glaubenssätze und mit Wiederholung.

Der Fokus auf das Positive ist an dieser Stelle ein sehr gutes Stichwort. Haben Sie jetzt Lust bekommen, sich selbst einmal zu erproben und ein paar Ideen auszuprobieren? Dann schauen Sie ab jetzt nicht mehr darauf, was alles NICHT geht, sondern fragen Sie sich stattdessen, WAS geht, und zwar JETZT. Viel Erfolg dabei, aber vor allem viel Spaß!

Meine Ziele:

Mein langfristiges Ziel	
Warum will ich dieses Ziel erreichen?	
Bis wann will ich dieses Ziel erreichen?	
Welche mittelfristigen Ziele muss ich erfüllen, um mein langfristiges Ziel zu erreichen?	
Was kann ich wöchentlich erledigen, um mein Ziel zu erreichen?	
Was kann ich täglich erledigen, um mein Ziel zu erreichen?	
Wie werde ich mich belohnen, wenn ich meine mittelfristigen Ziele erreiche?	
Diese Zeiten blocke ich wöchentlich in meinem Kalender, um mein Ziel zu erreichen	

Meine Ziele:

Mein langfristiges Ziel	
Warum will ich dieses Ziel erreichen?	
Bis wann will ich dieses Ziel erreichen?	
Welche mittelfristigen Ziele muss ich erfüllen, um mein langfristiges Ziel zu erreichen?	
Was kann ich wöchentlich erledigen, um mein Ziel zu erreichen?	
Was kann ich täglich erledigen, um mein Ziel zu erreichen?	
Wie werde ich mich belohnen, wenn ich meine mittelfristigen Ziele erreiche?	
Diese Zeiten blocke ich wöchentlich in meinem Kalender, um mein Ziel zu erreichen	

Meine Ziele:

Mein langfristiges Ziel	
Warum will ich dieses Ziel erreichen?	
Bis wann will ich dieses Ziel erreichen?	
Welche mittelfristigen Ziele muss ich erfüllen, um mein langfristiges Ziel zu erreichen?	
Was kann ich wöchentlich erledigen, um mein Ziel zu erreichen?	
Was kann ich täglich erledigen, um mein Ziel zu erreichen?	
Wie werde ich mich belohnen, wenn ich meine mittelfristigen Ziele erreiche?	
Diese Zeiten blocke ich wöchentlich in meinem Kalender, um mein Ziel zu erreichen	

Meine Ziele:

Mein langfristiges Ziel	
Warum will ich dieses Ziel erreichen?	
Bis wann will ich dieses Ziel erreichen?	
Welche mittelfristigen Ziele muss ich erfüllen, um mein langfristiges Ziel zu erreichen?	
Was kann ich wöchentlich erledigen, um mein Ziel zu erreichen?	
Was kann ich täglich erledigen, um mein Ziel zu erreichen?	
Wie werde ich mich belohnen, wenn ich meine mittelfristigen Ziele erreiche?	
Diese Zeiten blocke ich wöchentlich in meinem Kalender, um mein Ziel zu erreichen	

Meine Ziele:

Mein langfristiges Ziel	
Warum will ich dieses Ziel erreichen?	
Bis wann will ich dieses Ziel erreichen?	
Welche mittelfristigen Ziele muss ich erfüllen, um mein langfristiges Ziel zu erreichen?	
Was kann ich wöchentlich erledigen, um mein Ziel zu erreichen?	
Was kann ich täglich erledigen, um mein Ziel zu erreichen?	
Wie werde ich mich belohnen, wenn ich meine mittelfristigen Ziele erreiche?	
Diese Zeiten blocke ich wöchentlich in meinem Kalender, um mein Ziel zu erreichen	

Tägliche Selbstreflektion:

Datum: Uhrzeit: Ort:

1. Wie war mein Tag? Wie ist mein Energielevel?

2. Wann war ich produktiv? Was hat mich motiviert?

3. Wann war ich nicht produktiv? Wie kann ich das verhindern?

4. Habe ich meine heutigen Ziele erreicht? Wenn nicht, wieso?

5. Was kann ich morgen verbessern?

6. Meine Top-3-Prioritäten für morgen sind

-

-

-

Tägliche Selbstreflektion:

Datum: Uhrzeit: Ort:

1. Wie war mein Tag? Wie ist mein Energielevel?

2. Wann war ich produktiv? Was hat mich motiviert?

3. Wann war ich nicht produktiv? Wie kann ich das verhindern?

4. Habe ich meine heutigen Ziele erreicht? Wenn nicht, wieso?

5. Was kann ich morgen verbessern?

6. Meine Top-3-Prioritäten für morgen sind

-

-

-

Tägliche Selbstreflektion:

Datum: Uhrzeit: Ort:

1. Wie war mein Tag? Wie ist mein Energielevel?

2. Wann war ich produktiv? Was hat mich motiviert?

3. Wann war ich nicht produktiv? Wie kann ich das verhindern?

4. Habe ich meine heutigen Ziele erreicht? Wenn nicht, wieso?

5. Was kann ich morgen verbessern?

6. Meine Top-3-Prioritäten für morgen sind

-
-
-

Tägliche Selbstreflektion:

Datum: Uhrzeit: Ort:

1. Wie war mein Tag? Wie ist mein Energielevel?

2. Wann war ich produktiv? Was hat mich motiviert?

3. Wann war ich nicht produktiv? Wie kann ich das verhindern?

4. Habe ich meine heutigen Ziele erreicht? Wenn nicht, wieso?

5. Was kann ich morgen verbessern?

6. Meine Top-3-Prioritäten für morgen sind

-

-

-

Tägliche Selbstreflektion:

Datum: Uhrzeit: Ort:

1. Wie war mein Tag? Wie ist mein Energielevel?

2. Wann war ich produktiv? Was hat mich motiviert?

3. Wann war ich nicht produktiv? Wie kann ich das verhindern?

4. Habe ich meine heutigen Ziele erreicht? Wenn nicht, wieso?

5. Was kann ich morgen verbessern?

6. Meine Top-3-Prioritäten für morgen sind

-

-

-

Wir danken Ihnen für Ihr Interesse und Ihr Vertrauen. Als Dankeschön dafür, haben wir eine besondere Überraschung. Sie wollen erfolgreicher durchs Leben gehen und suchen nach einer Möglichkeit, dies zu schaffen? Dann freuen Sie sich über exklusive Tipps, wie Ihnen das gelingen kann. Das Beste: Sie erhalten diese vollkommen kostenlos. Das klingt wunderbar? Dann warten Sie nicht lange und holen Sie sich Ihr Gratis-Geschenk.

Hier geht es zu Ihrem Gratis-Geschenk:

https://forms.gle/iTZWhyc1n45BZMvj8

1. **Öffnen Sie die Kamera-App auf Ihrem Smartphone und richten Sie die Kamera auf den QR-Code.**
2. **Klicken Sie auf den Link, der Ihnen angezeigt wird und schon werden Sie zur Website weitergeleitet.**

Impressum

Herausgeber: Orbita Media Verlag GmbH & Co. KG / Ericusspitze 4 / 20457 Hamburg
Kontakt: kontakt@empireofbooks.de
Website: https://empireofbooks.de
Coverbild: Shutterstock

Haftungsausschluss:
Die Nutzung dieses Buches und die Umsetzung der enthaltenen Informationen, Anleitungen und Strategien erfolgt auf eigenes Risiko. Der Autor kann für etwaige Schäden jeglicher Art aus keinem Rechtsgrund eine Haftung übernehmen. Haftungsansprüche gegen den Autor für Schäden materieller oder ideeller Art, die durch die Nutzung oder Nichtnutzung der Informationen bzw. durch die Nutzung fehlerhafter und/oder unvollständiger Informationen verursacht wurden, sind grundsätzlich ausgeschlossen. Rechts- und Schadenersatzansprüche sind daher ausgeschlossen. Dieses Werk wurde sorgfältig erarbeitet und niedergeschrieben. Der Autor übernimmt jedoch keinerlei Gewähr für die Aktualität, Vollständigkeit und Qualität der Informationen. Druckfehler und Falschinformationen können nicht vollständig ausgeschlossen werden. Es kann keine juristische Verantwortung sowie Haftung in irgendeiner Form für fehlerhafte Angaben vom Autor übernommen werden. Die bereitgestellten Analysen, Vorschläge, Ideen, Meinungen, Kommentare und Texte sind ausschließlich zur Information bestimmt und können ein individuelles Beratungsgespräch nicht ersetzen. Alle Informationen dieses Buches entsprechen dem Kenntnisstand zum Zeitpunkt des Verfassens dieses Buches. Eine Haftung für mittelbare und unmittelbare Folgen aus den Informationen dieses Buches ist somit ausgeschlossen.
Informieren Sie sich weitläufig aus unterschiedlichen Quellen und bedenken Sie, dass am Ende nur Sie für die Entscheidungen verantwortlich sind.

Haftung für externe Links:
Unser Angebot enthält Links zu externen Websites Dritter, auf deren Inhalte wir keinen Einfluss haben. Deshalb können wir für diese fremden Inhalte auch keine Gewähr übernehmen. Für die Inhalte der verlinkten Seiten ist stets der jeweilige Anbieter oder Betreiber der Seiten verantwortlich. Die verlinkten Seiten wurden zum Zeitpunkt der Verlinkung auf mögliche Rechtsverstöße überprüft. Rechtswidrige Inhalte waren zum Zeit-punkt der Verlinkung nicht erkennbar.